「生命の樹」

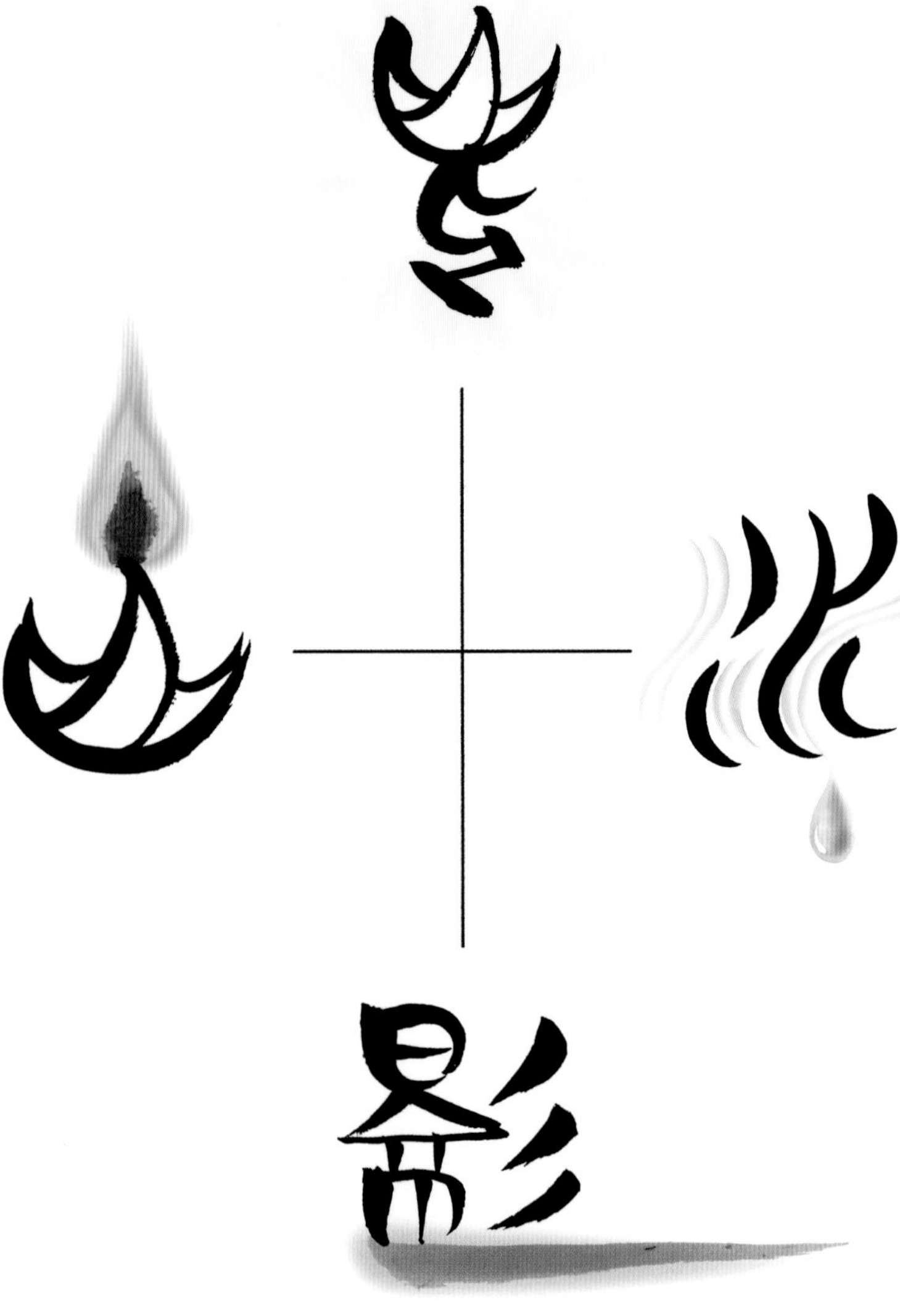

「縦横陰陽の図」

「瞑想」から「明想」へ

真実の自分を発見する旅の終わり

山本清次
Yamamoto Seiji

現代書林

はじめに

●老子の「道《タオ》」と明想

本書のテーマは「明想《めいそう》」です。「瞑想」と書いてもいいのですが、「光」を見つけ、「光」のほうへ向かうという意味で、私は自分が指導する瞑想のやり方を「明想」と表記しています。

では、明想とは何なのか？

ここでいう光とは何か？

そして、光を体験するとどうなるのか？

本書では明想の具体的な方法も含め、こうしたところを順に説明していきます。

ここではまず、老子の書いた『老子道徳経』という古典的名著について触れてみましょう。

古今東西、さまざまな地にいた聖者と呼ばれる方々は皆、光を探求してきました。それは、ここでいう光というものが人類にとって普遍的なテーマであったからです。

老子もまた光の探求者であり、彼はこれを「道《タオ》」と呼びました。

道《タオ》を見いだした人は光に満ちた生き方をするようになり、自然と徳があふれてきます。この徳は「テー」と呼ばれ、道《タオ》と徳《テー》を説く書物ということで、老子の著書は『老子道徳経』と題されています。

◎古典的名著『老子道徳経』

老子は一般的に、哲学者あるいは思想家とみなされています。それは間違いではありませんが、私は道《タオ》の実践者であり体現者であると考えています。道《タオ》そのものとして生き、それを説いた方です。

王宮に付属する図書館の司書のような仕事についていた老子は数多くの本を読み尽くし、やがて本から学べるものがなくなります。

さらに彼は、良い国を作るという志を持っていた王が大きな権力を手にするとやがて金品財宝を求めるようになることを目の当たりにしました。

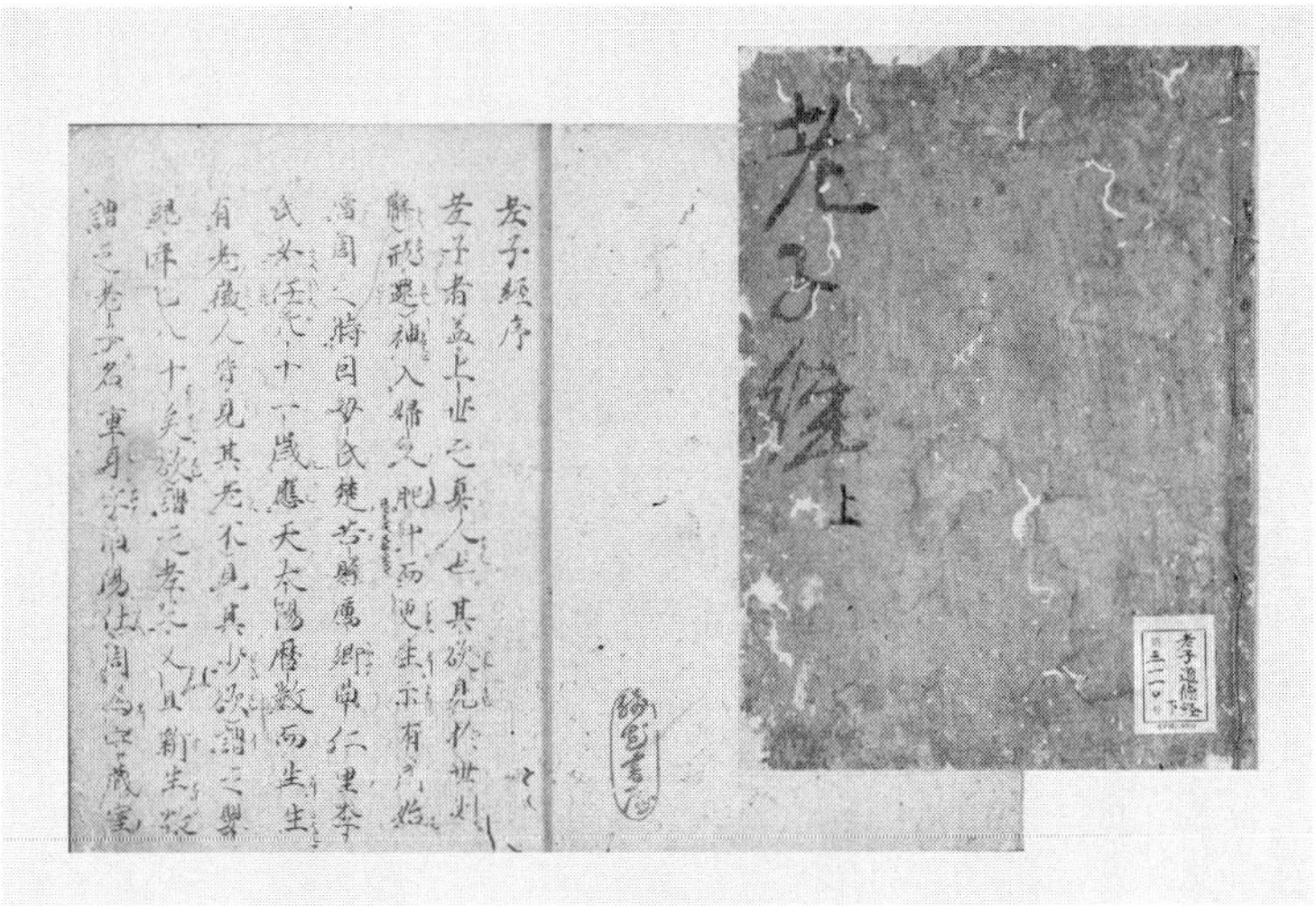

『老子道徳経』（国宝・重要文化財／東京国立博物館所蔵）

それにより国がダメになり、それまで価値のあったものも価値を無くしてしまう。

そうしたことを見てきた老子は、この世のすべては無常のものであり、虚《うつろ》のようだと思うようになります。そして、これはひとえに道《タオ》につながっていないからだと理解します。

最終的に老子は自身の道《タオ》の導きによりインドへ向かったといいます。その道中に通過した関所で役人から引き留められ、請われるままに記したのが八十ほどの詩によって構成される『老子道徳経』です。

これを書き終えたとき、すでに関所には老子の姿はなく、その後の消息は分かっていないそうです。

●七歳で出会い、やがて座右の書に

この『老子道徳経』は私の原点といっていい書物であり、明想や光を理解する上でもとても役に立つものです。

私は七歳の頃から中国武術を学びはじめ、その師匠から読むことを勧められたのがまさにこの『老子道徳経』でした。読むことを強制されたわけではありませんが、折に触れこの書の一節を引用してくれたため強く印象に残ったものです。

その後、十四歳のときに実際に本を手にして読んでみましたが、当時は内容がさっぱり理解できませんでした。特に受け入れられなかったのが「無為自然」――何もしないという教えです。老子は「世の中の役に立とうとするな」と言うのです。

老子は紀元前六〜五世紀の人物といわれます。当時の中国は小国が乱立して互いに争い合う時代でしたから、生き残るには自身の有用性を示して立身出世するとか、敵を倒して一国一城の主となるしかありません。そんな時代に老子は真逆のことを説いたのです。

さて、『老子道徳経』を日本語訳した本はいくつも出版されていますが、中でもアメリカ文学の翻訳者であり詩人の加島祥造さんによる『タオ 老子』（ちくま文庫）は、くだけた現代語訳で書かれた読みやすい一冊です。

その三十九章で老子はこう説いています。

名誉なんていくら数多く積み重ねたってガラガラ崩れちまうのさ。ピカピカ光る玉になろうとしないで五郎太石《ごろたいし》でいること　そこにタオの一とつながる者の命の在り方があるのさ。

五郎太石とは小石のことで、いわば〝ピカピカ光る玉〟の対極にあるものです。そんな何でもない小石のような存在でいれば、道《タオ》につながるあり方が分かると老子は言います。

十四歳の頃の私は、武術家としてもっと強くなりたい、いつかその道で大成したいという若者らしい野心を抱いていたので、老子のこうした教えはまったく理解できませんでした。この世には価値があり、この世で役に立たない人はダメな人だと思っていたのです。

それでも、この『老子道徳経』を忘れたことはなく、武術や明想の経験を深めつつ繰り返し触れていくうちに、なるほどと思えるところが増えていきました。今でも、読むたびにそこから新たな氣づきを得られる座右の書となっています。

●道《タオ》につながると本当の力が手に入る

道《タオ》は道路のことではないし、人が歩むべき生き方の道筋のようなものでもありません。では、何なのか？　老子は『老子道徳経』冒頭の第一章でこう述べます。

これが道《タオ》だと口で言ったからって　それは本当の道《タオ》じゃないんだ。これがタオだと名づけたって　それは本物の道《タオ》じゃないんだ。なぜってそれを道《タオ》だと言ったり　名づけたりするずっと以前から　名の無い道《タオ》の領域がはるかに広がっていたんだ。

道《タオ》は、あれとかこれとか説明できるものではないので、とりあえず道《タオ》と名づけてみた、と老子は言います。人に伝えるには何かしらの名が必要ですが、聞いた人はその名のイメージで理解してしまいます。そこで、老子は冒頭の第一章で、本当は説明のできない、名のないものだと念を押します。

私は老子のいう道《タオ》を光と呼んでいますが、これも同じことで本当は名づけたり説明したりできないものです。

ところが説明は無理でも、体感し体得するのは可能なのです。同じ第一章で老子はこうも述べています。

> 名の有る領域の向こうに　名の無い領域が、はるかに広がっている。明と暗のまざりあった領域が、はるかに広がっている。その向うにも……入口には衆妙の門が立っている、森羅萬象《しんらばんしょう》のくぐる門だ。この神秘の門をくぐるとき、ひとは　本物のLife Forceにつながるのだよ。

名の無い道《タオ》の世界と、私たちの知る名と形を持つ世界をつなぐのが〃衆妙の門〃であり、すべてのものがここを通ると老子は言います。すべては名の無い道《タオ》の世界から名の有る世界にやって来て、やがて道《タオ》に戻っていくのです。

〃名の無い領域〃では明と暗が混ざりあっている、とありますが、明と暗という二つがあるのではなく、明と暗に象徴される森羅万象すべての大元となるたった一つの源がそこにあるという意味です。

そして、〃衆妙の門〃を通って道《タオ》につながると、〃本物のLife Force〃につながるとあります。ここだけ英語なのは日本語に最適な訳語がなかったからでしょう。

Ｌｉｆｅには「生命」「人生」という意味があり、ここでは道《タオ》のことだと捉えてもよさそうです。Ｆｏｒｃｅは「力」という意味ですが、どちらかというと普遍的で根源的な力のことであり、「理力」とも表現できます。道《タオ》につながると、すべての源となっている本当の力が手に入ると老子は述べているのです。

●道《タオ》につながるたった一つの方法

では、どうすれば道《タオ》につながり、その力を感じられるのでしょうか？

『老子道徳経』第二十一章にはこうあります。

> もののなかに宿るタオのパワーとは　どんな働きをするのか。こう訊《き》かれれば、確かに　それは漠とし広く暗いもの、把《とら》えどころのないもの、としか言えない。だがね、すべてのものの奥に働くパワーは　それ自体、ものの活源　すべての形の原形　それは　あらゆるものを成長させる種だ、ライフ・エナジーの根源なんだ。

老子は、道《タオ》の力は漠としていると言います。霧がかかっているように、何かがあることは分かるけれど詳細は判然としないということです。その後に〝暗いもの〟とありますが、これは明暗のことではなく、見えないという意味です。決して肉眼で見えるものではないのです。

また、捉えどころがないというのは、今この瞬間にまさにあるものだから捉えられないということです。

私たちは、過去・現在・未来という時間の流れがあると考えがちですが、実際には過去はすでに無く、未来はまだ現れていません。実際には〝今この瞬間〟だけがずうっと続いています。そう考えると、〝今この瞬間〟は捉えたと思ったときにはすでに過去になっており、捉えどころがないということになります。

それにもかかわらず、誰もが「今この瞬間」をはっきり体験しています。道《タオ》の力もそれと同じことで、捉えどころがないにもかかわらず、はっきりと体感、体得できるのです。道《タオ》はすべてのものの活源（活力の源）ですが、元氣とか生き生きした感じとは少し違います。

老子は道《タオ》のことを、目に見える世界を作る材料であり生命エネルギーであるとも述べています。しかし、生命には誕生もあれば死もあるように、道《タオ》は生きていく力であると同時に死んでいく力でもあるのです。

矛盾しているようですが、体感、体得すれば分かります。生と死、正解と不正解、善と悪といった区別を超え、名の有る世界から名の無い世界へと、そしてまた名の無い世界から名の有る世界へと流れていくのが道《タオ》の力です。

その力を感じるためのヒントとして、老子はこう述べています。


なにしろこれは、太古から今まで続いているから、仮りに名づけたタオという名はけっして消えうせないし、多くの人びとがタオを体得してきたのさ。これを、どうやったら感じとれるかって？　君のhere（ヒア）とnow（ナウ）のなかで　君全体をオープンにすることさ——それしか手はないんじゃないかな。


「here（ここ）」と「now（今）」を感じること。そして、自身の全体をオープンにすること——これが老子の答えです。

ここでいうオープンとは他者がいる外の世界に開くのではなく、内へ開くということです。内へ向かって開くとき、外に対しては逆に閉じることになります。

じっとして、すべての五感を閉ざして内なる力を感じる。内にある、肉眼で見えない名も無きものを感じる。すると、そこにただ一つの、すべての源があります。

今ここに道《タオ》があるので、本来、感じようとすればいつでもそれを感じられるのです。私たちは道《タオ》でできているからこそ、内を深く見つめるとそれはそこにあります。

明想はあなたを無為自然へ導く

本書で紹介する明想は、老子が説く道《タオ》の力の体得法を、より具体的な方法として誰もが実践できるようにしたものともいえます。

これまで師事した師匠たちから学んだことをもとに、私がたどり着いた明想の方法を実践すると、どんな人でも比較的短期間で光を体感できることが分かっています。その体感を頼りに、さらに深く自身の内へ意識を向けて光を見つづけていくと、やがて自身が光そのものになる体験に導かれるでしょう。

そうした体験を重ねることで、老子が説いた無為自然という生き方へ自ずとシフトしていきます。道《タオ》の力につながっていると幸福を感じる能力が高まり、外の世界で名声やお金を追い求める必要がなくなるのです。

これは消極的なようでいて実は積極的な生き方です。名声やお金を追い求めなくなると争い事から自然と離れていくので、生きることはむしろ楽になり、争い事に使われていた分のエネルギーが心身に満ちわたります。まさに、生きることに積極的な生き方といってもいいでしょう。

本書では明想の具体的な方法を紹介しますが、十分な理解のため、まず第一章で明想のメリットを説明し、第二章で私が現在の明想の方法に至った経緯を説明します。その後、明想の背景にある法則を第三章で、明想の方法を第四章で詳細に紹介します。ついで第五章では明想に適した体を作るための栄養学を、第六章では光を体感、体得した後の生き方の変化についても触れていきます。

光の探求に知識はいらないという考え方もありますが、私は光を正しく理解することで、その人の内面が変化して明想へ向かう準備が整うと考えています。本書がその大役を担えたなら、それに勝る喜びはありません。

目次

第一章

「明想」で幸せの感受性が開花すると人生は好転する

第二章

圧倒的な「光」の体験が「明想」を生んだ

第三章

正しい霊的知識が開く光への道

第四章

「明想」で「光」に目覚める方法

第五章

「明想」に必要な栄養学・生理学

第六章 「光」に目覚めた人生はこう変わる

第一章

「明想」で幸せの感受性が開花すると人生は好転する

明想にはどんなメリットがある？

明想は、老子が「道《タオ》」と呼んだものと同じ「光」を体感し、やがて光そのものになるための方法です。

その比較的初歩の段階でも幸せを感じ取る感受性が高まり、エネルギーが心身に満ちてくるので人生が明るく照らされ、それに伴って、抱えていた問題も自然に解消されていきます。それが明想のメリットです。

ただ、この説明では漠然としているので、具体例として私の教える明想を実践した方の話をまず紹介しましょう。

私は主に整体を指導する愛光流という団体を主宰しており、そこでも明想を教えています。ただ、対象は免許皆伝レベルまで整体の学びを深めた人だけとなっており、一般の方が参加できる講座などは開催していません。

一方で、私が明想を広く一般の方にも教えているのが、兵庫県の淡路島にある農業コミュニティ「ありがとう村」です。

本書だけでも明想の実践は十分可能ですが、より本格的に取り組みたい人や直接の手ほどきを求める人は、そちらで学んでいただくことができます。

明想の話の前にまず、このありがとう村について少し紹介しましょう。

「ありがとう村」での明想指導

ありがとう村は北海道で循環型農法を行っていた村上貴仁さんが中心となり、二〇一八年に淡路島で発足した農業コミュニティです。

発端となったのは、村上さんが四歳の息子さん・大地くんを亡くすという大きな出来事でした。

ちょうど、近代農業の大量生産・大量消費に疑問を抱きはじめていた村上さんは、肉体を去った大地くんから、肉の耳では聞こえないメッセージを受け取り、奥様の村上さゆみさんとともに北海道の大地と向き合い、時に泣き、時に笑い、時には見えなくなった大地くんに呼びかける日々を過ごし、そこから命に感謝し、命が循環する農業を模索するようになります。

そうして、たどり着いたのが「ありがとう農法(R)」と名付けた命の循環型農業です。この新しい農法に興味のある方はぜひ『大地がよろこぶ「ありがとう」の奇跡』(サンマーク出版/Kindle)を読んでみてください。

現在(二〇二二年六月)、ありがとう村では受け入れ可能人数の都合上、コミュニティの新メンバーの募集を行っていませんが、「ありがとう農学校」「大地の学校」「叡智の学校」「光の学校」という四種の講座は一般の人でも受講可能です。

私はこのうち、ありがとう村からのご依頼により「光の学校」を担当させていただいています。

講座内容はそれぞれ次のようになっています。

・ありがとう農学校……農業を通して命の理《ことわり》を学ぶ実践授業
・大地の学校…………命の理を学ぶ座学の授業
・叡智の学校…………創造の原理・原則を学び、真理に目覚める授業

「ありがとう村」のスタートアップメンバー。中央が村上さんで、左がさゆみさん、右が小山さん

・光の学校………明想を通してすべての本源・根源とつながり体得・会得する授業

「光の学校」を除く、「ありがとう農学校」「大地の学校」「叡智の学校」の三種の講座は、肉体を去った大地くんからのメッセージを村上ご夫妻が受け取り、さらに、北海道と淡路島の自然から命の循環という原理を得て作られた講座です。

これらの講座では、命の仕組みだけではなく、世界の構造や私たち人類と地球、宇宙との関わりを深く学ぶことができます。

そして、「ありがとう農学校」「大地の学校」「叡智の学校」の卒業生のうち、豊穣そのものであり、道《タオ》であり、光であるすべての源を、より一層深く体験したいと望まれている方々に「光の学校」で明想をお伝えしています。

ありがとう村と愛光流では、光と豊穣は同じものと捉えており、すべての大安心、大調和の源と考えているのです。

先行する三つの講座で深く学んだ方は、日常生活の中で講座から得た叡智を活用して生きはじめます。そこへ、さらに明想を学ぶことにより、古今東西の聖者たちが示してきた偉大なる光、道《タオ》を正しく伝えられます。

「ありがとう村」との最初のご縁

ありがとう村で明想を教えることになったきっかけについても説明しておきましょう。

ありがとう村の代表である村上貴仁さんと奥様の村上さゆみさんとの出会いは、小山さんという女性からの紹介が最初です。

小山さんは自身の組織で人材教育と女性への支援に力を入れている方で、整体の講座もぜひお願いしたいとお呼びいただき、私が講師として関わるようになります。

その小山さんから、北海道でも整体の講座を開催したいとお呼びいただき、当時、北海道で「ありがとう農法」を実践されていた村上さんご夫妻をご紹介いただきました。そして数年後、村上さんご夫妻と小山さんから、淡路島で農業コミュニティを作りたいとご相談をいただいたのです。

これからコミュニティがとても大事な時代になると考えていましたので、私でお役に立てるならば、とお手伝いする流れになったのです。

具体的には、建物の位置や向きなどを風水の考えに沿って考えたいとのことで、私がそこをお手伝いさせていただきました。

人間関係の困り事に明想を提案

村上さんご夫妻と小山さんは三人で、自然と調和し、試行錯誤しながらも、ともに助け合うコミュニティ作りに尽力されていましたが、ある日、さゆみさんと小山さんが「実は困り事がある」と、相談のために我が家を訪れました。

相談内容はコミュニティの立ち上げにおける人間関係のことです。詳細には触れませんが、新しいことを始めるときに生じる価値観の違いや感情的な行き違いといった話です。

外部からのネガティブな思いが飛んでくるという感覚もあったようです。

自分たちでは解決の糸口を見つけることができないと感じられ、風水の鑑定で関わっていた私に相談してみてはどうだろう、と白羽の矢が立ったようです。

その相談に対し私は、「悪い念を防ぐと思ったら負けます。悪い念も良い念もなく、すべてが光です。その光そのもので守れば大丈夫です」と答えました。

すると、「光そのもので守るのですか?」と質問されたので、「お二人が光を体感することです」「そうすれば、結果を変えようとしなくても、光の力が満ちていろいろな物事が改善するはずです。そのための方法が明想です」と伝えました。

ただ、この時点では私が明想を教えることは特に考えていませんでした。

さゆみさんと小山さんはさっそくその場で断食道場を検索しはじめました。明想といえば断食道場というイメージを持っていたのでしょう。

ここで、同席していた私の妻が口を開きました。「こんな冬の季節に断食したら体に良くないんじゃない？　先生（私のことです）が明想を教えてあげることはできないんですか？」と。

　そこで、私の経験をもとに明想について少し説明したところ、今度はさゆみさんたちの身近に直感に優れた子どもがいて、どうも不思議な力を持つようだという話も出てきました。

　そういう能力があるのなら放っておくよりは、光の力を満たして自分を守ったほうがいいですね、という話になり、最初は私の自宅でそのお子さんも交えて明想を学び実践する会を開くことになります。

　やがて、明想にもっと本格的に取り組みたいという要望に応えて、場所を借りた明想合宿が行われるようになり、ありがとう村の敷地内にセミナールームが建ってからは、光の学校受講生を対象に明想を教える形になってきました。

「明想」は幸せを感じ取る感受性を開花させる

ありがとう村の中心メンバーである、さゆみさんと小山さんから明想に本格的に取り組みたいという申し出があったのは、何よりご本人たちがその効果を実感したからでしょう。明想を始めて一番変わられたのは、圧倒的にお元氣になられたことです。また、以前よりも幸せを体感されておられるということです。

その幸せとは、外なる条件に左右される幸せではありません。心の奥から感じることのできる幸せです。金銭的な豊かさや、友人、家族の存在、仕事の成功や名声の獲得、そしてショッピングや旅行など自由に飛び回ることができるかどうかに関わらず感じる幸せ、ということです。

また、何か問題が起きても、「悩むほどのことじゃなかったな」と氣持ちをサッと切り替えられるようになったとも。もともと、一般の方々よりも氣持ちの切り替えができるほうでしたが、より早く落ち込みから抜け出せるようになったとおっしゃっていました。

明想の最も重要なメリットといえるのが、幸せを感じ取る感受性を開花させるということです。

例えば、「赤いバッグ」が欲しいと思ったら、街を歩いていても赤いバッグばかり目につきます。同じように、「幸せ」を意識できるようになると幸せに対する感受性が高まり、日常の小さな幸せにも氣づくようになってきます。

明想を続けると、そのような幸せへの感受性が自ずと開花していくのです。それは光を体感し、自身が光そのものになる体験以上に幸せなことはないからです。

今の世の中では、「お金がないと幸せになれない」「地位がないと幸せになれない」「愛する人・愛してくれる人がいないと幸せになれない」と考えている人が非常に多いと思います。そうしたことで幸せを感じる人は確かにいるでしょう。

しかし、「お金」「地位」「人」などにとらわれてしまうと、今度は不安になってしまいつか、なくしてしまう可能性のあるものばかりなので不安になってしまうのです。

ここでいう「お金」「地位」「人」などのことを、私は「影」と呼んでいます。影のようにはかない存在ということです。

影は決してつかめないように、これらもまた永久につかんでおくことはできません。この物質世界におけるすべての物や現象は「影」なのです。

でも、心配はいりません。実は幸せというものは「お金」「地位」「人」からやってくるのではなく、光からやってくるからです。それは、明想によって光を体感すると分かってきます。本当の幸せは影ではなく光からもたらされます。

明想を通して光のほうをしっかり向いている限り、私たちは幸せを感じられます。そして、明想をしていないときにも、小さな幸せを日々感じ取れるようになるのです。

幸せの感受性が開花すると現実も変わる

そうはいっても、生きるのにお金は必要だし、お金を得るために多少の地位もあったほうがいいし、愛する人にも囲まれていたい。たとえ幸せであっても、明想だけして生きる清貧の聖者のような生き方はとてもできない。

――そう考える方もいるでしょう。そう思うのは当然です。

しかし、光のほうからやってくる、小さな幸せを日々感じ取りながら生きている人の周囲には幸せの輪が広がっていきます。そして、周囲の人が幸せになってくると、素晴らしい人間関係に恵まれるようになり、必然的に経済面でもさまざまな機会に恵まれるはずです。あるいは何らかの地位を得るかもしれません。

幸せに対する感受性が開花すると、それに合わせて現実もそのように変わってきます。

ただし、現実で何かを得ることを目的として明想するのは、結局のところ影のほうを見ていることになり、かえって光の体感が難しくなります。ここは重要なポイントです。

影から光に意識が切り替わり不安が消えた

ある女性は明想を始める前はとても感情的で、ご主人や友人に対して乱暴な言動を繰り返していました。

そのことについてご主人はいつも困っていて、整体の操法（一般的には「施術」ですが、愛光流では「操法」と呼びます）にご夫婦で来られたときも必ず、「家内をよろしくお願いします。私の体を診ていただく時間は短くていいので、しっかりと診てやってください」とおっしゃっていました。

この女性は、心の中にネガティブな事柄が浮かびやすく、そのイメージに支配される傾向が強く見られました。そのように、ネガティブなイメージに心が支配されると心身は硬く冷たくなり、物事を素直に受け止められなくなります。

また、周囲の人々をとてもうらやましく感じたり、自分が除け者にされていると感じたりと、実際に起きていることではなく、ほんの些細なことをあれこれと考え過ぎていました。すべてのことがそうなのです。

その結果、家庭の不和を招き、友人関係も不安定なものになっていました。

事実とは異なる思い込みから疎外感を覚えて、自ら友人の輪から離れてしまうので、「友人からの孤立」という状況が現実のものとして目の前に起きてきます。そして、それを見て「ああ、やはり自分は周囲から嫌われているんだ」と勘違いして、自分が除け者にされているという思い込みが強化されます。

いったんこうしたパターンに陥ってしまうと、心身のエネルギーはどんどん低下し、日常生活の循環が絶たれ、仕事などにも悪影響が表れてきます。

これはまさに止まらない負の連鎖、負のスパイラルです。悪い出来事が、さらなる悪い出来事を生みつづけるという悲しくつらい流れです。

そんな彼女も、ありがとう村で「大地の学校」「叡智の学校」を受講し、さらに明想に励むことにより劇的な変化が訪れました。

一番の変化は、自分でコントロールできない感情の嵐が圧倒的に減ったことです。

本人も以前から、こうした激しい感情の嵐が問題だと感じており、それまでも良いイメージを持つなど、多種多様な心理学的アプローチ、あるいはそのほかの精神的な学びを行ってきたそうです。しかし、それらの方法では思うほどの効果を得られずにいました。

いずれの方法も実践するとそのときは調子がいいのですが、一ヵ月もすれば元の状態に戻り、再び感情の嵐に飲まれていたそうです。

少しの間だけ良くなり、後はまた感情の嵐……。それを繰り返すことで自己に対する否定的な感覚は膨れ上がり、彼女はすっかり自信を喪失していました。

しかし、明想に取り組んだことで彼女の心に、「感情と私は関係がなく、この感情にはまったく力がないんだ」という理解が芽生えはじめます。

人は皆、「あなたは○○という名の個人だ」と教育を受け、実際にそう思い込んで生きていますが、明想を正しく学び、光を見つめつづけると、実は私たちの真の姿は名前のある個人などではなく、偉大なる光そのものであるという理解が自然に生じてきます。

私たちの真の姿は光であり、感情は影です。

光には力がありますが、光によりできた影には実は何の力もありません。

だから、明想に取り組んでいくと、彼女のように「感情と私は関係がない」「感情にはまったく力がない」という氣づきが得られます。

そうした「感情に力がない」という理解から自身と感情との間に距離が生まれ、一時的に感情的になった場合でも、客観的に自身を観察して感情の嵐が過ぎ去るのを待つことができるようになりました。

すべての力の源である光こそが真の私であることに氣づくと、光としての私から感情を切り離して距離をとれるようになります。そうなると、感情へのエネルギー供給がなくなり、感情はまるで空氣の抜けた風船のようにしぼんでいきます。感情の嵐はあっという間にその勢いを失うのです。

これは、この女性が正しく明想を理解してそれに取り組み、日々の生活の中で少しずつ実践を重ねたことで起きた変化です。決して一朝一夕で結果が出るわけではありませんが、明想に限らず、どんなことでも諦めたならそこで失敗が確定します。

諦めないことが成功への糧となり、少なくとも明想においては、続けてさえいればいつか必ず成果を得られます。

私が、この女性だけではなく、明想に励む皆さんにいつもお話しするのが、この「諦めないこと」です。

諦めなければ必ず光は見えてきます。なぜなら、光は人間が勝手に創作したものではなく、人間の想像力以前より存在する、その想像力の源であるからです。光は私たちが信じるか信じないかに関係なく真実として存在しています。

明想で光が見えないとすれば、それは光を求める姿勢や、光を捉えるための知識が不足しているだけです。そこで私は、「真実の光は、諦めなければ必ず私たちの目の前に現れてきます」と伝えつづけています。

諦めずに続ければ必ず光に到達する

先の女性のケースでは、感情の起伏が激しく、光をなかなか体感できないことについて

「どうせ私はダメなんです」と泣き出したこともありました。

ずっとそういう感じでしたが、私は「いや、そんなことはない。光はあなたの状態に関係なく確かにあるから、ちゃんと見続けていると必ず見えます」と言いつづけました。

また、「これは信仰ではないけれど、今は信じてやってみてください。最終的に光が見えたらそれは事実だから。信じているから光があるわけではない。あるものをあると言っているだけです」と。

そういう話をして励ましつづけた結果、心身が穏やかになり、ついに光を見ることができたのです。

繰り返しになりますが、この女性に限らず明想の講座を受ける人に対して私が必ず言うのが、とにかく諦めないこと、止めなければいつか到達するということです。

道は一本なので登りさえすればいつか頂上に着きます。人によって道のりが長いこともありますが、「必ず到着する、大丈夫だ」と言って励ましています。

繰り返し講座に参加することのメリットは、その道のりのさまざまな段階にいる方々が互いに励まし合えることにあります。

そうした励ましになることを期待して、講座ではこの女性の話を本人の前ですることもあります。

一時は感情的になると、ご主人を引っ張りまわしたり物を投げつけたりもしていたそうですが、私が過去のそうした行為に触れると、「本当にどうして私、あんなに怒っていたのかしら」とクスクス笑っています。

明想合宿のメリットは互いに励まし合えること

ありがとう村で「光の学校」という形で行われる明想の講座の概要について、参考までに紹介しておきましょう。

講座では、まず半日ほどのコースで明想のやり方をお伝えして、それを一ヵ月間実習してきてもらいます。これが準備段階で、実習した人だけが一泊二日の明想合宿に参加できます。

明想合宿では基本的に午前中をレクチャーにあてています。光を理解するための三つの原則を主に説明するレクチャーです。

明想合宿の様子。光を理解するための三つの原則を学ぶ

この三つの原則については第三章で詳しく説明します。ここでは明想を助ける知識であるとだけ理解してください。

昼食後は、もう少し知識を深める必要がありそうならレクチャーを続け、もう大丈夫だと思ったら、皆で明想します。そして、明想後は一人ひとりに感想を話してもらって明想の進展度を測り、私からのアドバイスを伝えます。

お茶の休憩をはさみつつ明想を繰り返し行い、時には私の氣分次第で「外で明想しましょう」と皆さんを散歩に誘うこともあります。そういう感じで、泊まる日は夜九時までみっちりと明想に取り組みます。

このように皆で一緒に明想を行うことには

大きなメリットがあります。

光を体感するまではどうしても、「これでいいんだろうか？」と悩んでしまうものです。しかし、一緒に明想に取り組む仲間がいると励まし合ったり、少し先を行く先輩の声を聞けたりできて煮詰まりにくいのです。

氣持ちがしっかりと明想へ向き合えるようになった人は一人でも継続していけますが、最初のうちはどうしてもくじけやすいので、仲間とわいわい話したり笑い合ったりしながら取り組んだほうがいいでしょう。

つらい修行は逆効果になることが多い

近年、「マインドフルネス」という名称で瞑想が注目され、大企業の研修にも取り入れられているという話を耳にします。

しかし、その一方で「明想合宿に参加した」などと聞くと、何か良くない宗教に洗脳されているのではと心配する人も少なくありません。

私が指導する明想合宿に一度でも参加したなら、洗脳などとは程遠いことを身をもって知ることになりますが、そうした否定的な先入観を持つ人がいるのは確かです。

古今東西の聖者たちが伝えてきた瞑想と、私が教えている明想は、方法論こそ違えど根本的なところでは同一です。そこをあえて「瞑」ではなく「明」の字を使うのは、明るく取り組むことが何より大切だからです。

基本的に、誰かを洗脳しようとする人は、暗いところに閉じ込めて、食事や睡眠を制限し、脅して相手の自尊心を折るようなことを繰り返します。

一方、私の明想合宿ではちょうどこれと逆のことを行います。

日の光がたくさん入る明るい場所で、皆でおいしく食事をして、しっかり睡眠をとり、レクチャーや体験のシェア、ディスカッションではリラックスした笑いがあふれます。

なぜそうするかというと、そのほうが正しく明想が進むからです。

そういう意味で、明想は洗脳とは真逆の方向を向いたものといえるでしょう。

瞑想に関しては、「つらい修行を行うもの」として認識している人も少なくないようです。確かに、何時間もぶっ続けで瞑想の座につかせるやり方で教えているところもあります。

しかし、私の教えている明想では一回あたり二十分を区切りとしており、長時間の明想はお勧めしていません。それは、生理学的に集中力の限界は二十分とされているからです。

ふと氣づいたら一時間明想していた、というのはOKですが、基本的には約十五〜二十分でいいのです。それを一日に一〜二回。多くて三回で十分と伝えています。それ以外の時間は働いたり、家のことをしたり、食事をしたりと生活にあてればいいのです。

光の世界というのは時間のない、時間を超えたところなので、わずかな一瞬でもいいから光を体感することに意味があります。長い時間、明想したからいい結果になるという話ではありません。

むしろ、かつて私の周囲で瞑想に取り組んでいた同輩や後輩を見る限り、家にこもったり、山籠もりをしたりして、ひたすら瞑想している人ほど得体の知れないことを言いはじめたりしていました。これは瞑想のやり過ぎで自律神経に異常をきたしたものと思われます。

そこで、私の教えている明想については、修行のような深刻な取り組み方ではなく、ほどほどに無理のない範囲で楽しく取り組むことをお勧めしています。

物質的な幸せを「明想」のモノサシにしてはならない

リラックスして楽しく取り組むことで明想はうまくいき、明想がうまくいって光を体感するようになると、幸せへの感受性が開花して人生はもっと楽しくなります。その結果、人間関係や経済面で良い変化が生じてくることもありますが、それを目的としてしまうのは違います。それらは幸せを感じた結果として生じる変化であり、幸せの源ではないからです。

幸せの源は光であり、幸福な出来事はその影として生じてきます。

原因は光であり、影はその結果です。

しかし、残念なことに、人間関係や経済面でメリットを得ることを目的として瞑想を教えている指導者もいます。

そうした教えでは、「霊的に優れた人は物質的な世界でも恵まれている」という考えのもと、人間関係や経済面で恵まれているかどうかを瞑想の達成のモノサシとしています。

そうしたコンセプトで瞑想をしていると、仮に光を見いだしたとしても、また影のほうに目を向けてしまい、せっかくの光を見失うでしょう。これは、瞑想実践者の多くが陥ってしまう典型的なパターンです。

一方、私の教える明想では、光の体感とそれが直接与えてくれる幸福感だけに意識を向けてもらいます。もちろん、生活していく上で目に見える物事（＝影）に意識を向ける必要はありますが、明想の成果を測るモノサシとはせず、当たり前のことをただ当たり前にやるだけです。

今のところ、私が明想を教えた人が大金持ちになったという話は耳にしませんが、「毎日が幸せです」という話はたくさん聞かせていただいています。

そして、そうした幸せは周囲の人に広がっていくことも分かっています。

それはそうでしょう。誰かと比較して感じるような幸せでなく、その人がただ自分自身でいることによる幸せは、決して他人の妬みを買うことはなく、そばにいる人もほっこりとリラックスして安らかな氣持ちになるものです。

また、劇的な心境の変化のあった、ある男性のケースでは、奥さんが「なぜ、そんなに怒らなくなったの？　自分もそうなりたい」と明想へ関心を示したそうです。

しかし、この男性は「そうなるために明想するわけじゃない。ただ、淡々と光を見るという作業だけ。結果的にこうなったけど、これを目的としてはいなかった」と話したそうです。明想についてよく理解されている答えだと思います。

ただ、奥さんはこの時点でまだ明想についての知識がないので、言われている意味が分かりませんでした。そこで、ともかくやってみようということで明想合宿に参加することになります。

このご夫婦の場合は、そういう形で幸せが広がっていったのです。

「明想」は人間の持つ本能

このように、明想は人が真に幸福に生きるために欠かせないものといえます。しかし、それだけが明想の意義かというとそうではありません。

意義のありなし以前に、「明想とは人間の本能である」と私は考えています。本能なので、やって当たり前のものといえます。

野生動物は眠るとき以外に目を閉じることはありません。人間だけが眠るとき以外にも目を閉じて物思いにふけったり考え込んだりします。これが、動物と人間の違いです。複雑な思考は人間にしかできないことですが、それと同じく、目を閉じて光を見いだそうとする明想もまた人間にしかできないことです。動物が明想することは決してないのです。

そうしたことから、明想して初めて人間と呼べるのではないかとすら私は考えます。人間しか行わない偉大な行為の一つが明想なのです。

それを踏まえて、明想の意味や意義を説明するならば、

人が人らしくあるために必要なもの
人が進化するために必ずくぐるもの
聖者たちが本当の自分に出会うために必要なものとして発見したもの
光そのものを体験し、やがて真理にたどり着くもの
内なるものの世界を見続けること
思想ではなく直接知るためのものの

偉大なる光、偉大なる命を体験するもの

——と表現できます。

私がこう言い切れるのは、自身の体験だけでなく、多くの方々に明想を教えてきた結果を見てのことです。

心の持ち様を変えるために、あえて何かを反省したり感謝したりせずとも、明想についての正しい知識と正しい方法を知って実践するだけで、どんな人も劇的に変化していきます。

私は七歳の頃から武術の修行を始め、整体やさまざまな行に取り組んできたので、そうした経験が人間を変化させることは十分理解してきたつもりです。

しかし、明想においては、ちょっとしたコツを伝えて実践してもらうだけで、そう長い期間を置かずに大きな変化が起きてきます。教えている私自身がまずそのことに驚きました。

働いている人でも、主婦の方でも、学生の方でも、どういう人であるかに関係なく、明想の正しい知識と方法と実践により内面が変化していく……。大げさかもしれませんが、人類の真の進化とはそういう風に起きてくるのだと思います。

これまでの歴史の中で人類は、内面ではなく外界、つまり物質世界にばかり目を向け、たくさんの道具や機械や兵器を作ってきました。そして、太古から人類は限られたモノを奪い合い、たくさんの戦争もしてきました。これがずっと変わらず今も行われているのです。

太古から現在まで同じことを繰り返しているのは、内面が変わっていないからでしょう。物はどんどん新しく作られていても、肝心の内面は何も変わっていないのです。

では、外側ではなく今度は内面にエネルギーを向けてみてはどうか？

きっと、人類は良い方向へ変わっていくと私は考えています。

それを明想の目的にするわけではありませんが、結果としてそうなってくるはずです。

まずは本書を手にしたあなたが光を体感し、幸せになることがその第一歩となります。

次の第二章では、私が現在教えている明想にたどり着くまでの、探求の道のりについて説明しましょう。

第二章

圧倒的な「光」の体験が「明想」を生んだ

七歳で中国武術の師匠に弟子入り

明想をよく理解していただくために、私が明想に出会い、現在皆さんに教えている形に至るまでの経緯を説明しておきましょう。

私は七歳のときに中国武術の師匠に弟子入りしており、これがすべての始まりとなりました。「はじめに」でも少し触れましたが、老子のことを教えてくれたのもこの師匠です。我ながら特異な幼少期だと思います。

最初から順を追って話すと、家庭の事情により一人でいることの多かった私は、学校ではイジメを受け、校庭のすみっこで泣いているような子どもでした。

そんなある日、見かねた用務員さんに「なぜやり返さない」と聞かれて、「怖いからできないんです」と返答した私が連れていかれたのが武術の師匠のところです。

師匠と会った私は小さいながらに「この人から離れてはいけない」と直感し、毎日のようにそこへ通うようになります。

武術といっても、子どもですからまだ戦ったりはできません。そこで、まずは保健功という、体を壮健にする氣功から始めます。中国医学でも使う氣の流れる道、経絡についても教えてもらいました。

さらに、師匠はご飯を食べさせてくれたり、食べられる野草を教えてくれたりと、武術だけでなくいろんなものを私に与えてくれたのです。

「目に見えない力」を初めて体験する

師匠から手ほどきを受けた修行の中で一番印象に残っているのは、何時間も立ちつづける、站椿功《たんとうこう》という氣功の一種です。

あるとき、私は道場にある大きな木の前に立たされて、「この木のように立ちつづけなさい。なぜ木はそこまで立っていられるか分かるまで立ちつづけなさい」と指示されました。分かるまで四時間でも五時間でも立っていなさい、と。

言われたとおりにやりましたが、最初は何が何だか分からず、ただ氣を付けの姿勢で立っていただけです。

しかし、次にやったときには、ようやく呼吸の方法や姿勢についても教えてもらい、私はその站椿功という氣功をひたすら修練しました。

小さい子どもに「何時間でも立っていろ」だなんて、今にして思えば体罰のようなものですが、不思議とそのときはそういう考えにはなりませんでした。

ただ、呼吸と姿勢を整えてただ立っているだけという行為に、「これはいったい何だろう」という疑問は湧いてきます。

実は、站椿功の修練中、目を盗んで少し休むこともありました。お手洗い以外は立っていなければならないのですが、師匠がそばにいないときに途中で座って休んでいたのです。

ところが、そうすると師匠から「なぜ、座っていたのですか?」とズルを指摘されます。見ていたわけではないのになぜか分かるんですね。

そんな感じで一ヵ月ほどが経過したある日、站椿功をやっていた私は、熱いような、ものぞもぞするような何かが、足のほうから頭へ向かって上がってくるのを感じます。

初めての経験に驚いて師匠に聞くと、それは「目に見えない力、透明な力」であり、この力があるから木はまっすぐ伸びているんだと言われました。

目に見えない力を体感。站椿功を行う著者

「人間も同じようにその氣の力に乗っていくと、ちゃんとまっすぐ立つことができる。そして、君はやっと初めてまっすぐ立ったんだよ」と。

これが、人生で初めて見えない力、透明な力というものを実感した瞬間です。

残念ながら、私が小学六年生の頃に師匠は亡くなりましたが、これまで学んできた武術も、整体も、明想も、風水も、四柱推命も、そのすべてがこのときの見えない力の実感が原点となっています。

武術修行と「無為自然」

「はじめに」でも触れたように、私はこの師匠から『老子道徳経』を勧められました。実際に本を手にして読んだのは十四歳の頃ですが、内容はさっぱり理解できません。特に分からないのが「無為自然」という教えで、「何もするなとはどういうことか？」と頭をひねったものです。

しかし、あるときに出会った武術書が一つの理解を与えてくれました。それは、大東流合気柔術の佐川幸義先生の生涯と語録をお弟子さんがまとめたもので、「透明な力」を説くものです。これを読んだとき、私の中で「無為自然」とこの「透明な力」がオーバーラップして、「武術の奥義も無為自然なんだな」と直観的に理解します。

思い返してみれば、中国武術の師匠が七歳の私に教えてくれた「目に見えない力」「氣の力」というのもまさにそれでした。『老子道徳経』はそれについて書いてある本だから、師匠は私に読むように勧めていたのです。

今の私が理解するところの無為自然とは、「何もしないこと」ではなく「無の力をもって為す」ということです。

よく考えてみると、一番身近な私たちの体もまた見えない力で動かされています。

もちろん、体が動いている仕組みを医学的に説明するのは可能です。では、その仕組みを成り立たせている根源は何かというと、それは医学の領域を超えた話になってきます。

科学は、生命現象の仕組みは説明できても、「それはなぜそのように存在しているのか？」「そのように存在させている原動力は何か？」という問いには沈黙してしまいます。

私たちはなぜ生きていられるのか分からないし、万物がなぜ存在できているのかも分かりません。見えない力で動いているとしか言えないのです。

古今東西の聖者たちは、その見えない力を「道《タオ》」や「光」と呼びました。そして、老子はその力が物事を為していくことを「無為自然」と表現したのです。

武術修行には大変な努力が要されますが、その奥義ともなると無為自然を体得できなければモノにできません。一見して武術修行と無為自然とは真逆の方向性に思えますが、その最奥では不可分な表裏一体となっています。

明想指導者・知花敏彦先生との出会い

一方、その無為自然そのものを最初から探求していくのが明想です。明想はそれ自体が、「道《タオ》」や「光」と呼ばれる見えない力に対し、積極的に身を委ねる行為だといえます。

能動的すぎず、かといって受容的でもない中庸を積極的に求め、見えない力の波に乗る体感を通して、「道《タオ》」「光」に自分を任せきる方法論が明想なのです。

無為自然を深く実感するための、その王道のような手法といっていいでしょう。

面白いことに私が明想を知ったのは、『老子道徳経』を読みはじめたのと同じ十四歳の頃でした。あるとき、父が「面白いからこれ読んでみろ」と渡してきた本が、多くの人に明想を指導する知花敏彦先生の本だったのです。

父はどうやら、私が中国武術の修行として氣功をやっていたので、興味を持つだろうと思ったようです。

渡された直後は、「そのうち読んでみようか」くらいの氣持ちでしたが、どうにも氣になって手にしてみると、「偉大な光を見つめると覚醒が起きて全知全能の力が手に入る」といった内容が書かれています。

武術で強くなりたいと思っていた私は、「明想したら強くなれるかな」と関心がむくむく湧いてきます。さらに、読み進めると奇跡的な現象の話も書かれていたので、実際に確かめてみようと手探りながら明想を始めてみました。

ただ、知花先生の本には明想の方法が書かれていないので、最初のうちは武術の呼吸法などを使い、自己流で明想を探求することになります。

十八歳のときにできた腫瘍

その後、知花先生に直接会うことになりますが、その手前のところから順に語らせてください。

高校生の頃、父が岡山県の山奥で農業に取り組むことになり、私はそれまで通っていた大阪の農業高校を中退して、それについていきました。

その当時は料理に関心があったので、調理師の資格を取れる学校に行きたかったのですが、あいにく山奥なので通えるところがありません。

そこで、自分に何ができるだろうかと考えた結果、近所の子どもたちを集めて中国武術を教えることになりました。

さらに、武術の師匠から経絡の知識など中国医学に通じる知識も教えてもらっていたので、それを生かした独自の整体で地域のお年寄りの腰痛などを操法するようになります。

つまり、十七歳で整体の仕事を始めたのです。

これは好評でしたが、クチコミで「あそこで良くなったよ」という話が広がると、治すのが難しい方もやってくるようになり、当時の私では対処できないケースも出てきます。

そこで、どこかに整体の名人がいるという話を耳にすると、そこへ見学に行って学ぶといったことを繰り返し、技術向上に励みました。

そのほかにもアルバイトをしたことでお金が貯まったので、私は改めて明想をきちんと学んでみたいと思い、知花先生の講演会に何度か行ってみます。

交通費などもそれなりにかかるのでたまにしか行けないのですが、そうこうしているうちに右腕に腫瘍ができてしまいました。十八歳のときの出来事です。

　土木関係のアルバイトをしているとき、腕の膨らみにスコップがあたって痛かったので病院に行ったところ、医師から「おそらくがんではないか」と言われてしまいました。

　病院の治療ではなく自分で何とかしようと思った私は、最初に奈良県吉野郡にある天河大弁財天社を参拝します。ここは、弘法大師空海も修行したといわれる由緒正しい神社で、そこで明想してみたのですが残念ながら腫瘍は治りません。

知花先生のヒーリングで起きた奇跡

　そこで、私は知花先生のヒーリングを受けることにしました。本に書いてあることが本当なら知花先生は世界最高の治療家だろうと思えたからです。

　知花先生のところには、自身もヒーリング等の施術を仕事にしているような人もお弟子さんとして来ています。そういう方からの「実は腫瘍ができてしまって」という相談に対し、知花先生は「それはあなたが光の意識でやっていないから。ヒーリングの施術はもう止めたほうがいい」と答えていました。

この質疑応答をまるで自分のことのように感じた私は、事前に連絡して事情を話した上で知花先生が朝夕、ご講話されるペンションがある山梨県の清里へ。お弟子さんたちも多く出入りするこのペンションに十日間滞在することになります。

その十日間のうちに知花先生からのヒーリングのほか、お弟子さんからもヒーリングを受けました。

しかし、その場では腫瘍に変化はなく、「やっぱりもうダメなんだ。死ぬのかな」と失意に打ちひしがれつつ私は帰宅します。

母から「治ったの？」と聞かれましたが、「いや、治ってないんだ」「汗かいたからシャワー浴びるわ」と返答して私は風呂場へ。風呂用の椅子に座った状態から腕を伸ばしてシャワーヘッドを取ろうとしたとき、いつもなら腫瘍のせいで痛くて手が届かないのに、「あ、取れるな」と感じて実際にサッと取れました。

それで、あれっと思って腕を見ると、驚いたことにそれまでボコッと飛び出していた腫瘍の膨らみがないのです。もう普通になっていて痛みもありません。知花先生は本当に奇跡を起こせる方だったのです。

このとき、私は光の意識というものが本当に大事なんだなということを確信します。そして、知花先生を師匠として明想の道を探求する決意が固まりました。

明想による圧倒的な光の体験

知花先生のところへ通って明想を進めていった私ですが、講演の中で出てくる「無限の力」というところがどうにも分かりません。

分からないのになぜか氣になって、一つの疑問として心の片隅をずっと占めていたのですが、あるとき夜中に明想していて「無限の力は一つの力なんだ」と氣づきます。

普通、無限というと何かが無数にたくさんあるというイメージですが、明想していて目を開けた瞬間に「ああ、そうか」とハッとしました。無限というのは区切りや隔てがなく果てがないという意味での無限であり、それは分割されていない、ただ一つのものなんだと氣づいたのです。

ここでいう「一つ」とは、「たくさんある中の一つ」ではなく、「すべてを包み込む一つ」

です。スピリチュアルの世界でよく「ワンネス（一なる実在）」という言葉が使われますが、光の世界では「一＝《イコール》無限」なのです。これは、知花先生のもとで私が得た一番の氣づきでした。

さらに、二十代の半ば頃、圧倒的な光の体験をします。「光こそが私なんだ」ということを体感する劇的で圧倒的な体験です。

そのときは私の仕事が三連休になったので、三日間、朝から晩まで明想をしてみました。お手洗いや風呂、食事以外はずっと座って明想していたところ、三日目の夜にこれまでにない体験をしたのです。

それは、「光こそが私なんだ」という体験です。そして、現象としてのこの世界には価値がなく、自分にだけ価値があるという感覚がありました。言葉にすると傲慢なようですが、ここでいう「私」とは「光としての私」のことです。

目に見えて存在している私も含め、この世界のすべては「影」であり、影に対してどんなに働きかけても、それが光に変わることはないと悟ったのです。

文章では驚きを伝えにくいのですが、そのときの私にとっては天地がひっくり返るような体験でした。

「光としての私」が光を見る

その体験から一年、二年、三年と時が経っていくに従い、「すべてが光なのに、どうしてみんな影に注目するのだろう」と思うようになってきました。

もちろん、今でも日常生活を送る上で影を意識はします。そういう意識は確かに持ちますが、一方でそれは光ではなく、「光としての私」には無関係なものと認識しています。

圧倒的な光の体験をする前までは、影の中にいてそこから光を見ている感じでした。光を見てはいても、影の世界にいる「影としての私」がそこから光を見ているので、あくまでそれは影の体験なのです。

ところが、圧倒的な光の体験の後では、そこがまるで違っています。それは、光の世界にいる「光としての私」が光を見ているという体験です。本当の私は影ではなく光だったという氣づきがありました。

そして、その氣づきは一回で終わるようなものではなく、時が経つにつれてどんどん極まっていったのです。それに伴い、生きる上でのスタンスも大きく変化してきます。

影とは端的に言えば目に見える現実世界のことなので、影を単なる影とみなしてそこにとらわれなくなると、もはやこの世界では何もとらわれるものがなくなります。

もちろん、影の世界の物事が存在するという前提で作られた種々の取り決めは、それはそれで便利なものです。

例えば、光の世界は時間も空間も超えていますが、その一方で私たちは地図や時計を用いて便利に待ち合わせをしています。時間と空間が存在するという前提の取り決めがうまく機能している一例です。

影は確たる実在ではないということを心の底から納得していれば、影の世界の取り決めにとらわれることはありません。

圧倒的な光の体験以降、「影は確たる実在ではない」ということは、私の中で絶対的な確信として確立されました。

整体の師・岡島瑞徳先生との出会い

ここで時間を少し戻して、知花先生のヒーリングを受けて腫瘍が消えた後のところから話を続けましょう。

整体操法や土木関係のアルバイトに励んでいた私は、その一方で、料理の道に進みたいという思いも持ちつづけており、十九歳の頃に街中のケーキ店へパティシエ見習いとして入ることになりました。

当時、真剣にパティシエを目指していたのですが、困ったことに私が以前に整体操法をしていた方が「腰を治してくれませんか？」と次々訪ねてくるようになります。

ケーキ店のマスターは優しい方でした。そのつど「裏でやってあげなさい」と言ってくれたので、そうさせてもらいましたが、こういうことが繰り返されると何のためにケーキ店で働いているか分からなくなってきます。

そこで、「これは施術家としての道を歩みなさいということだな」と悟った私は、我流ではなく本腰を入れて整体を学ぶことを決意しました。

岡島瑞徳先生から学んだ整体操法を行う著者

実は、知花先生のペンションに十日間宿泊してヒーリングを受けたとき、私は観相学の先生からも施術を受けています。観相学には治療術のようなものがあるのです。

私は、二つの流派を修めた観相学の大家である光玄先生からいろいろ学ばせていただき、観相学以外にも野口晴哉《はるちか》先生の創始された野口整体の存在も教えてもらいました。

「この世界で野口整体を知らないのはまったく勉強していないと同じだ」と、野口整体を学ぶことを強く勧められたので、私は二十代半ば頃に岡島瑞徳先生のところに弟子入りします。岡島先生は、当時すでに故人となっていた野口晴哉先生から整体を学んだ方です。

当時、私はすでに操法を行う場所を自分で

構え、診てほしいという人もたくさん来ていましたが、同時に施術家としての限界も感じていたので、岡島先生の存在を知ったのはまさしく天啓でした。

知花先生のところにも並行して通っていた私は、岡島先生の教える整体と明想との間の共通点にまず氣づきます。例えば、岡島先生は、「見えない力の働きによって体は治る」と教えてくれました。

治そう治そうと努力すると、かえって傷は広がり病気は進行します。実際に治している のは、体の中で働いている目に見えない力なので、整体操法ではどうやったらその力を引っ張り出せるのかを考えるのです。

残念ながら、岡島先生は二〇〇八年に亡くなりましたが、教えていただいたことは私が現在、愛光流として伝えている整体における大きな柱として、理論面と技術面の支えとなっています。

私が風水と四柱推命を学んだ理由

さて、愛光流のウェブサイトを見ていただくと分かりますが、私は風水（堪輿《かんよ》）と四柱推命（命理《めいり》）の鑑定も行っています。

風水とは、人が本領を発揮できる土壌を探り管理することを目的とした、ある種の環境心理学です。一方、四柱推命は相談者の生年月日と出生時間をもとに、天体の運行から天の氣を知り、四季の運行から地の氣を知る技術です。

いずれも一般的には占いの一種とされていますが、陰陽五行説にもとづくことから中国武術や中国医学と理論面での共通項も多く、人の健康を考える上で避けては通れない分野だと考えています。

とはいえ、私も最初から風水や四柱推命に関心を向けていたわけではありません。

観相学の師匠・光玄先生から学びの一環として四柱推命も教えていただきましたが、そのときはまだそれほどの関心を持っていませんでした。ところが、整体操法で多くの人の

著者が風水の鑑定に使う道具

体を診ていくうちに、個々人を取り巻く運命の流れや、居住環境を無視できなくなってきたのです。

そこで、香港の著名な大風水師であるレイモンド・ロー(盧恒立)先生が東京に来たとき、風水と四柱推命、易の三つを学ばせていただきました。

風水で住んでいる場所の環境を整備し、四柱推命で人生の上がり下がりの波を見て、何を選択すべきかを易で判断する――この三つの技術により、整体だけでは対処の難しいケースにもアプローチできるようになったのです。

学んだすべてが光へつながる道となる

ただ、それらの方法を使って最終的に向かっていきたいのは、やはり光です。

人は最終的には光のほうへ向かうものなので、愛光流ではどんな方法を用いていても、すべては明想につながると考えています。

しかし、「光を体感しましょう」とだけ言っても理解されないので、ほかの方法における考え方や言葉を使って伝えているのです。

整体や風水、四柱推命、易などはいずれも、「目に見えない力」と「目に見える力」の循環を捉える技術です。つまり、光と影の関係を解き明かすものといってもいいでしょう。

光と影の循環がうまく巡っているかどうかで、その人が健康か不健康か、運がいいか悪いかというところが決まります。

例えば風水では、天体の動きや川の流れといった自然に満ちている力の働きと、それを受け止める建物の方位を見て、そこに住む人に「目に見えない力」の表れであるところの生命力がどう宿っていくのかを判断します。

一方、四柱推命では主に、天干《てんかん》という天の氣と、地支《ちし》（十二支）・蔵干《ぞうかん》という地の氣で判断し、そこには「人」という漢字は出てきません。つまり、人は天の氣と地の氣の混合であり、そこに五行という五つの動きが表れていると考えます。

そうした自然の理《ことわり》を通して、「目に見えない力」から「目に見える力」がどう表れてくるのかを明らかにするのが四柱推命なのです。

そして、この世界の理《ことわり》を解き明かす試みということでは、さまざまな学問や芸術もまたそれにあたるはずです。あらゆる学問や芸術は、「目に見えない力」と「目に見える力」の循環が織りなす多彩なグラデーションを表現する試みなのです。

「目に見えない力」と「目に見える力」の間にあるグラデーションこそが世界そのものであるともいえます。そこで、整体や風水、四柱推命、易だけでなく、科学や数学、文学や絵画なども また最終的には光に向かうものだと私は考えます。

私の人生を振り返ってみても、七歳のときに『老子道徳経』を勧めてくれた中国武術の師匠との出会いに始まり、これまで師事した師匠との出会いはすべて光へ向かう道となっていました。

ただ、その中でも特に、明想こそが光への最短距離を進む道となっていることは確かです。

ヨガナンダのメディテーションセンターで得た確信

中国武術の師匠や整体の師匠の岡島先生と同じく、知花先生もすでに亡くなられています。二〇〇九年のことでした。

私が一般的な「瞑想」ではなく「明想」という表記にしているのは、知花先生にならってのことです。また、私が教えている明想の方法は、知花先生の方法から受け継いでいますが、明想の探求において、もう一人私に大きな影響を与えたのがパラマハンサ・ヨガナンダです。ヨガナンダは西洋に悟りのためのヨガを伝えたインドの行者で、一九五二年に亡くなっていますが、彼が残した団体でその行法は継承され広く教えられています。

二〇〇八年頃、講演のためにロサンゼルスを訪れた私は、その郊外にあるヨガナンダの建てたレイク・シュラインというメディテーションセンターに行ってみることにしました。

ロサンゼルスにあるメディテーションセンター「レイク・シュライン」

その以前から、ヨガナンダの方法論が知花先生の明想や、私が武術で学んできたことによく似ていると思っていた私は、それを確かめるのにちょうどいい機会だと考えたのです。

レイク・シュラインを実際に訪れ、本質的なところが共通していることを確信した私は、ヨガナンダの考え方も取り入れて自分なりの明想の方法を組み立てていきました。

つまり、私が現在教えている明想は、知花先生の明想とヨガナンダのヨガ瞑想、そして、私がやってきた武術と整体操法の経験が総合されたものといっていいでしょう。

ただ、その時点ではまだ、この明想を広めようという氣持ちはありませんでした。

明想を実践し、光を体験した者としての

ルールとして、相手から聞かれない限り、こちらから押し付けるようにしてまで何かを教えることはできないのです。

すべてが光であるという観点に立つと、本当の姿は何もかも完全無欠なので、わざわざお節介をして相手を変えようという感じにはならないんですね。

とはいえ、単発で明想の講座を行う機会は何度かあり、明想のことを知りたいという要望には応えてきたつもりです。質問されたらそれにはまっすぐに応じてきました。

ある時点まではそれくらいで終わっていたのですが、第一章で紹介したありがとう村の方々が真剣に熱意を持って問いかけてくれたため、私もそれと同じ熱量で応じることになり、結果、多くの人が参加する明想合宿を繰り返し開催する流れとなります。

そうしたことから、多くの人は明想というものをただ知らないだけで、実は心の底からそれを必要としているのだと実感し、今回、本の出版という形で世に広く伝えることになったのです。

第二章

正しい霊的知識が開く光への道

霊的知識とは「お化けの話」ではない

テレビの心霊番組などの影響で、「霊」というと幽霊やお化けのような、おどろおどろしいイメージを持つ人が多いと思います。

しかし、漢字の成り立ちとして、「霊」にはもともと神を祀る巫女という意味があるそうです。「霊」には「雨」という字が含まれますが、それは天から降り注ぐ神の恵みです。

つまり、「霊」とは本来、神聖さと関係する言葉であり、むしろおどろおどろしい世界とは真逆のものです。

そして、私がここで皆さんに伝えたい霊的知識とは、「目に見えない世界」とこの「目に見える世界」との関係についての知識です。その知識は明想の探求において強力な武器となってくれます。

光への道のりを明瞭に照らしてくれる霊的知識は剣のようなものであり、それにより明想を妨げるものをバッサリと切り捨てていくことができます。

霊的知識の「三原則」

明想合宿のレクチャーでは、次の三つの原則という形で霊的知識を教えています。

・第一原則「因果の法則」
・第二原則「縦と横の陰陽法則」
・第三原則「三態理の法則」

端的に説明すると、第一原則はここまでも説明してきた「光」と「影」の関係、第二原則は生命現象の根本となる「火（命）」と「水」の関係、第三原則は「固体」「液体」「氣体」という形で森羅万象の循環を説明するものです。

ただ、三原則という形で説明してはいても、実際は不可分なただ一つの光があり、それが「影」や「火」や「水」などを生じ、固体や液体や氣体となって森羅万象を複雑に構成しています。つまり、あらゆるものの根源は光であり、すべてはその光に還っていくのです。私が一番に伝えたいのはその点です。

実は、霊的知識には第九原則までありますが、本書ではまず第三原則まで伝えたいと思います。この三つを知るだけでも、光へまっすぐに向かう道のりがはっきりと見えてくるはずです。

第一原則「因果の法則」

●光が原因で影はその結果

光と影の関係は次ページの図のようになっています。まず、光があり、光をさえぎる壁があると影ができます。目に見える世界としての影を生み出しているのは、目に見えない世界としての光であり、決してその逆ではありません。

つまり、光が原因（因）で影はその結果（果）です。そこで、これを「因果の法則」と呼んでいます。

光が原因で、影はその結果

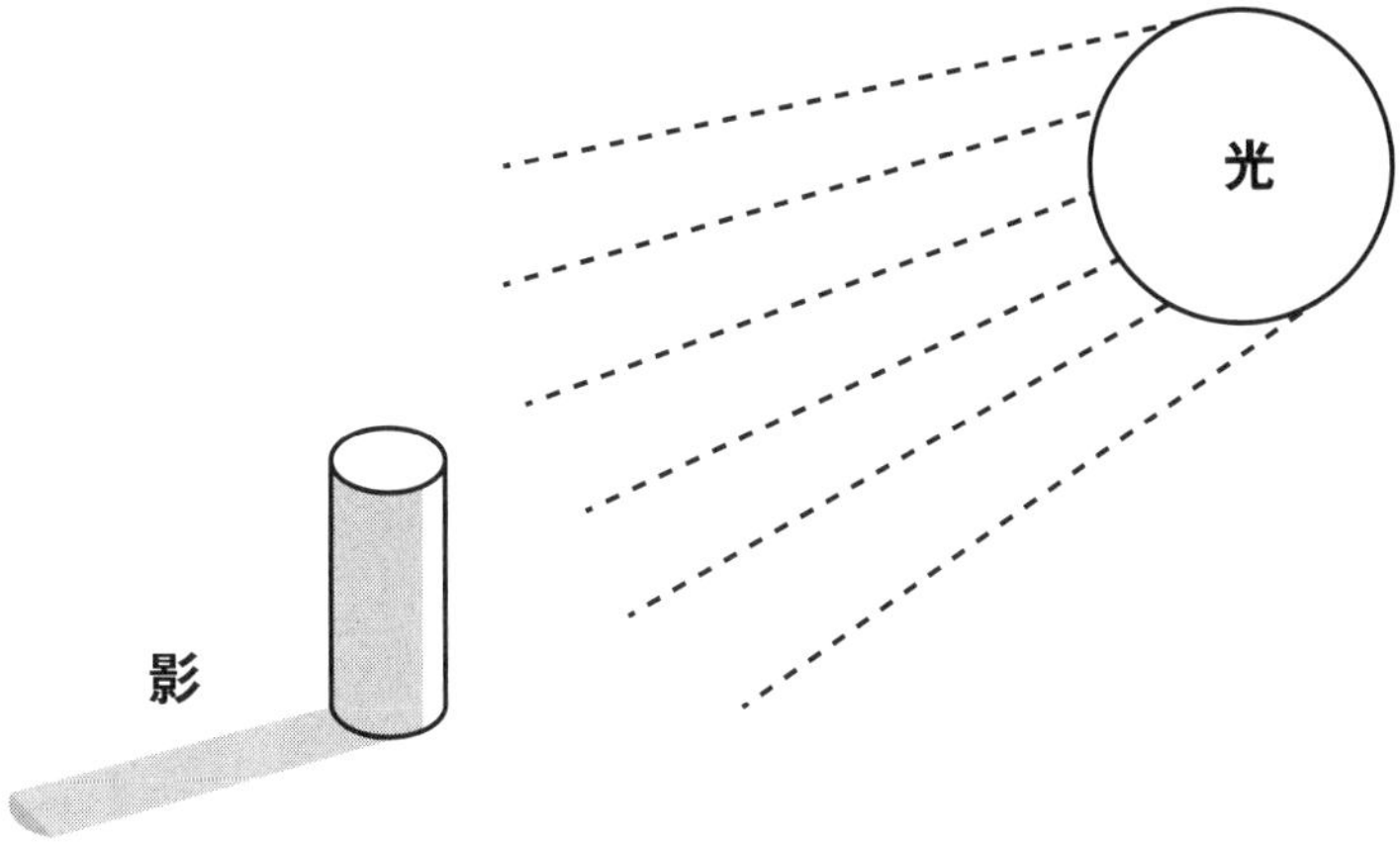

光は四方八方へあまねく広がっていきますが、壁がその光を分離すると影が生じます。しかし、壁だけで影はできません。あくまでも光こそが影を生じさせている原因なのです。影には実体があるように見えますが、光がなければ存在できず、壁が消えてもまた存在できません。つまり、影は実在しないものです。

子どもたちの影踏みの遊びでいうと、影は実在しない写し絵のようなものだと知っているから、友達の影を安心して踏めるのです。

ここでいう影の世界とは、目に見える森羅万象すべてのことであり、一般的には物質世界とも呼ばれます。

はっきり目に見えて確認できるのに、実在

しないとはどういうことか？

確かに、目に見えている世界は手で触れてその存在を実感できます。しかし、この世界のどんなものも有限で、いつかなくなってしまうのです。

科学者が言うには、どんな物質にも寿命があり、この宇宙も遠い未来に消滅してしまうのだそうです。あるいは、そこまで未来の話でなくとも、私たちの誰もがいずれ寿命を迎えて肉体は機能を停止します。

このように、目に見える世界のすべてははかない、かりそめの存在です。だから、それを影と表現するのです。

影だけを実在とみなして、それを失わないよう必死につかんでしまうと、必ず悲しい結果に終わります。いずれ確実に失われるものを、つかみ続けようとするのだから当然です。ならば、はかない影などではなく、それを生じさせている根源としての光に氣づいたほうがいいでしょう。因果の法則として光と影の関係を理解すれば、必然的にそういう結論にたどり着きます。

そして、光に氣づくための具体的な方法こそが明想です。

●万物は光を求めている

例として光と壁と影の図を紹介しましたが、ここでいう光とは、太陽の光や電灯の光のような一般的にいう光のことではありません。

ただ、そうした目に見える現象としての光も、ここでいう光と似た性質を持つので、譬えとして最適なのです。もっと言えば、目に見えない世界としての光を象徴するものとして、目に見える光は存在しています。

目に見える光でいうと、例えばすべての生物は光を求めて光のほうへ向かう性質があります。街頭の周りを飛んでいる羽虫はもちろん、暗い土中にいるモグラですら赤外線の光を頼りに動いています。

人もまた、夜道ではなるべく明るいところを歩こうとします。また、植物や鉱物が光を使って、ある種の通信をしているという説もあります。

そのように、すべての存在が光を求めているのは確かです。

目に見えない世界としての光と、目に見える世界としての影の関係もちょうどそのようなものです。

影を生じさせている光を、影にとっての親のようなものと考えるなら、万物はひたすらに光という親を求める赤ん坊のようなものです。

見えない世界としての光はすべての存在の根源であり、すべての本質です。すべては光により作られ生かされています。光には限りがなく、温かく、人においては情熱や希望の源となります。

しかし、そのすべてを生かすエネルギーとしての光を、壁により分離して影を作り、その影のほうにとらわれてしまうと、生命エネルギーの低下を招いて病気になります。

さらに、心が冷たく冷え切って希望を持てず、限界ばかりを氣にするネガティブな発想や、自己を卑下したり他者を非難したりする姿勢が現れてきます。

心の持ち様について、道徳観をもってそれを正そうとする人もいますが、道徳観自体が影に属しているので結局は徒労に終わります。影に光をあてるとその影は消えますが、影に影を重ねても、もとの影が変わることはありません。

実体のないもので実体のないものを変えることはできないのです。

むしろ、影を良い方向へ変えたいなら、光のほうへ向き、影へのとらわれを手放せばいいのです。光を求め、影はそのままにしておくと、かえって物事はちょうどいいところに収まっていきます。これは、『老子道徳経』でも繰り返し説かれています。

影へのとらわれを手放すには、「光が原因で影はその結果」という因果の法則をしっかり理解し、明想によって「私は光である」ということを体感するしかありません。

●光と影は対立してはいない

ここまでの説明で、「光はいいもので、影は良くないもの」という印象を持った人もいるでしょう。

しかし、光と影は決して対立するものではありません。ここで説明している「因果の法則」とは、「光が原因で影はその結果」というものです。別の表現をすると、光が親となって子としての影が生まれています。本来、対立するようなものではないのです。

にもかかわらず、光と影を「善と悪」というように対立させたがる人々がいます。これは完全に間違いです。

そのように善と悪を分けることとは、光を壁で分離すると影が生じるのと同じで、かえって光から遠ざかり影を濃くします。

善と悪だけでなくほかのことについても、何かと何かを分けて比較する分離の意識は、生命エネルギーの根源でもある光をさえぎって、その人をどんどん弱くしていきます。

そこで、もしあなたが心身ともに強くありたければ、分離の意識を離れて常に光を見つめることです。

また、他者との共通項を探し、ともに生きていく意識を持つことも、分離の意識を離れて光へ向かうことにつながるでしょう。

そういうわけで、自身の「悪いところ」を見つけて、それを「良く変える」ために反省するというのもまた、影をもって影を制する方法でしかなく、それではいつまでも分離の意識から離れられません。

もちろん、生活の中で反省すべきことはなくはないでしょう。

確かに、暴飲暴食や夜更かしは体に良くないし、暴言を吐くと人に嫌われるし、赤信号を渡るのは危険です。しかし、そうした「失敗してしまったな」ということがあっても、反省は三秒くらいで終わらせて、後悔することなくシステムを改善し、後はただ光を見つめることです。

そのように、影に注目しすぎず、なるべく光の世界にいることが幸せの鍵となります。

●結果である影を変えようとしないこと

因果の法則とは、「光が原因で影はその結果」ということです。

そこで、私たちが何かについて結果を求めているときは、影を求めていることになります。その原因は影の中にはありませんが、多くの人が結果の原因を影の中に求めています。

例えば、戦争を止めたい場合、ほとんどの人はその戦争の原因を考えたり、平和を回復するための条件を考えたりします。しかし、戦争も平和も結果でしかなく、すべての真なる原因は光です。そこに氣づくと影を変えようとしなくなり、すべてはちょうどいいところへ収まっていきます。

とはいえ、影は光から生じるので、当然ながら影にも光は宿っています。仏教ではそれを「色即是空、空即是色」と表現します。ここでいう「色」とは目に見えるもの、「空」とは目に見えないもののことです。

つまり、光と影はコインの裏と表のような関係です。ただし、光が原因で影はその結果という因果関係ははっきりしています。

そのように、外側の世界にも確かに光は宿っていますが、すみやかに光を見つけたければ、目を閉じて目に見える影としての世界をシャットアウトして、自身の内側を見ることが早道です。

多くの人は、これまで影のことばかり知らされ、影について考えることを強いられてきたので、光が見えないと思い込んでいます。

しかし、一度そうした思い込みをすべて忘れて明想してみれば、必ず光は体感できます。ずっとそこにあるものだから見えないはずがないのです。

ただし、明想では結果を求めないでください。

明想で仕事ができるようになりたいとか、頭が良くなりたいといったことはそもそも論外ですが、スピリチュアルな成長や悟りといった結果を求めてもいけません。どんな結果であれ、結果である以上それは影であるからです。

●地球の問題は光の意識で解決する

明想の探求において何より大切なのは光に還ることです。しかしこれは、影のことはどうでもいいという意味ではありません。むしろ、光意識から考えることができるようになると、影の世界の問題も自ずと調和のとれた方向へと変化していきます。

問題や悩み事はすべて影であり結果です。氾濫を繰り返す川はその上流から変えないといけないように、結果としての影を変えたければ、川でいう上流にあたる原因としての光を意識することです。そうすると、ちょうどいいところに物事は収まります。

確かに、この世界では戦争や貧困や差別が絶えることがありません。

では、それはなぜ起きているのか？　それは影意識でものを考えているからです。分離の意識、有限の意識でものを考えているので、人々は互いの違いばかりを氣にし、有限のものを奪い合います。影でものを考えるとどうしてもそうなってしまいます。

本当に皆で幸せになろうとするなら、光の意識で地球の問題を解決するしかないでしょう。光に還る人、光を求める人が増えていけば、社会システムも光の意識に見合ったものに変わっていきます。

◐無力な影を恐れる必要はない

こうした光と影の話をすると、「影の世界から抜けられないのではないか」と影を恐れる人も出てきます。しかし、それは光と影の関係を取り違えています。

霊的知識の第一原則としての因果の法則は「光が原因で影はその結果」というものです。

つまり、結果としての影はまさしく影のようなものであって、それ自体には何の力もありません。

影からなかなか抜けられないように感じたとしても、それは影があなたをつかんでいるのではなく、あなたが影をつかんでいるのです。影の世界の何かを重視したり、興味を持ったりして、そこから出ようとしていないだけです。

影の世界にいるから光の世界に行けないということは絶対にありません。影にはあなたを引っ張る力はないからです。

影はどんな力も持たず、光だけが本当の力を持っています。

だから、本当にあなたが光を求めるなら、影に邪魔されることなくそうできます。しかし、心のどこかで影の世界の何かが自分に必要だと考えているから、それが光への道を邪魔する力を持っているように錯覚してしまうのです。

この目に見える世界のすべては影ですが、古今東西の聖者たちはその影の中で光として生きてきました。それと同じく、誰もがこの世界にあってなお、光として生きることが可能です。

仕事や家事、育児、飲食といった日常的な物事が、光を遠ざけていると考える人もいるようですが、それは間違いです。私の明想の師である知花先生にもご家族がいて、コーヒーや甘いものも好んでいました。私もそうです。

そうした目に見えるすべての物事は影であり、自身は光であるということに常に目覚めていれば、影の世界の中でも光として生きられます。

第二原則「縦と横の陰陽の法則」

●縦の陰陽とは何か

陰陽とは中国の思想に登場する言葉であり、森羅万象を陰と陽で捉え、万物の生々流転をそれにより説明するというものです。

私はその陰陽という考え方で明想を説明する際に、「縦の陰陽」と「横の陰陽」という形で伝えており、これを第二原則「縦と横の陰陽の法則」と呼んでいます。

まず、縦の陰陽は第一原則「因果の法則」と内容的には同じです。

目に見えない光の世界を「天」と捉え、際限なく広がるその天空を「陽」とみなします。

そして、目に見える影の世界は影を映す「地」と捉え、固まりとして存在するそれを「陰」とみなします。

天と地は方向的には上と下の関係なので、これを「縦の陰陽」と呼びます。

縦の陰陽における陽とは見えない世界としての光のことであり、無限、拡散する力、広がる力として表現できます。

一方、陰とは見える世界としての影のことであり、有限、凝縮する力、集約する力として表現できます。

どんなものも拡散すると見えなくなり、境目がなくなってただ一つの無限の広がりとなります。これが陽の極まりです。

その逆に凝縮すると個々の物質として形を現し、それぞれが互いに異なる有限の事物となります。これが陰の極まりです。

森羅万象はその陽と陰の間を生々流転しているのです。

●横の陰陽とは何か

横の陰陽とは、私たちの体を生かしている二つの要素「火」と「水」のことです。火が

「陽」で水が「陰」にあたります。

　私たちの体はお母さんの子宮の中の水（羊水）の中で十月十日の間育まれ、そこに命の火が宿って人としての生が始まります。しかし、命が宿らないまま子宮から出てきた赤ちゃんもいて、水の要素だけの子ということで「水子」と呼ばれます。

　命とは物質としての肉体に対し、躍動する力や温かい力を与えて生かすものです。それはまさしく火のイメージですが、ここでは分かりやすく「命」と表現しましょう。

　多くの人は肉体そのものを命であると考えていますが、命が宿っている肉体と宿っていない肉体はまったく違います。命が宿っている肉体は寒いところでも体温を保ち、暑いところでも腐敗しませんが、命が去ってしまった肉体は寒いところではあっという間に凍りつき、暑いところではあっという間に腐り果てます。

　肉体が腐る（クサル）のは、命としての氣が去る（キサル）からです。また、死を穢《けが》れとみなすのは、死とは氣が枯れる（キカレ）ことであるからです。

　そのように昔の人々は、肉体に命が宿って初めて、一つの生命として生きられることを知っていました。だからこそ赤ちゃんの名づけは「命名」と呼ばれます。肉体ではなく、その子の本当の姿である命に名前を授けるということです。

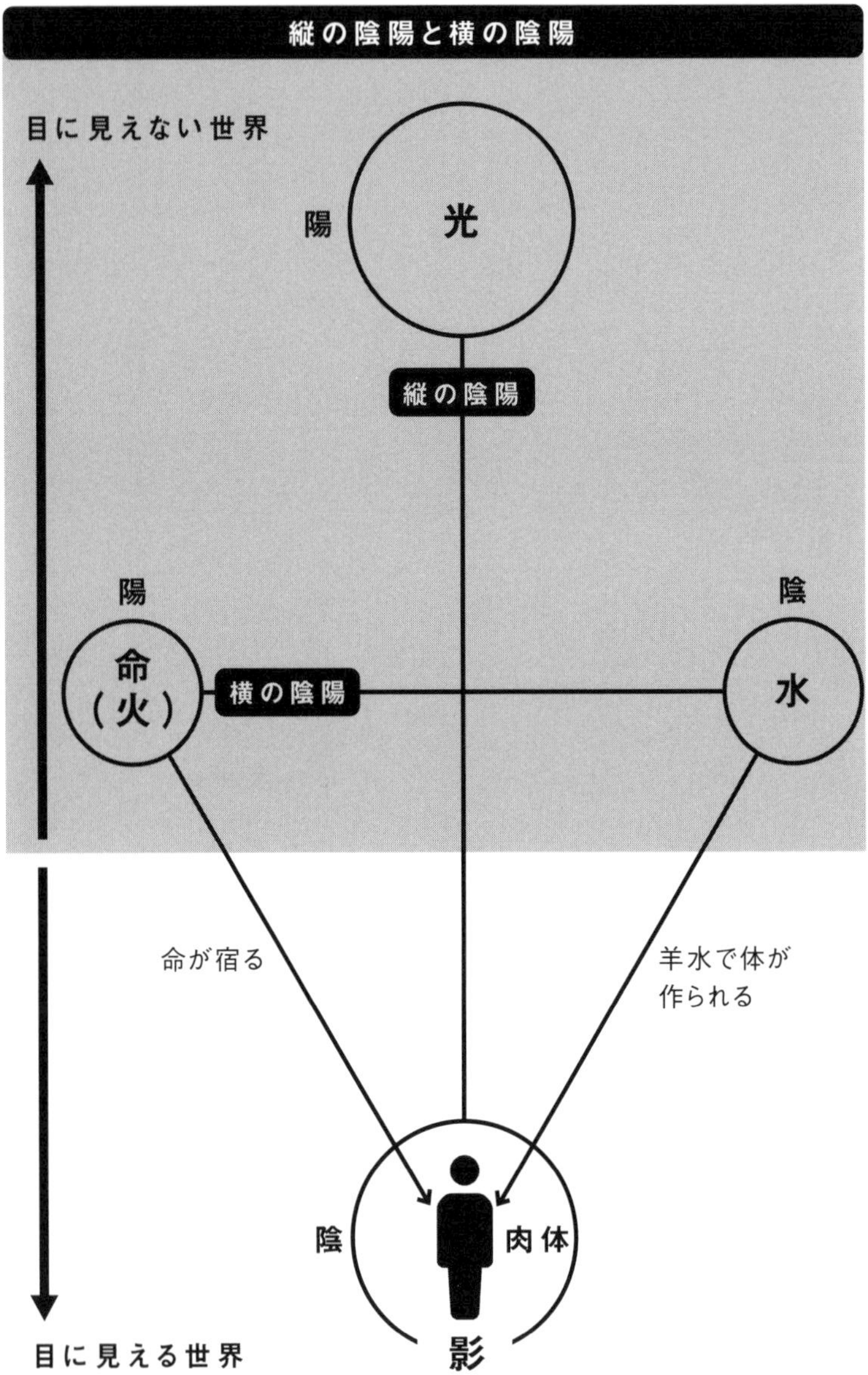
縦の陰陽と横の陰陽
目に見えない世界
陽
光
縦の陰陽
陽
陰
命
（火）
横の陰陽
水
命が宿る
羊水で体が
作られる
陰
肉体
影
目に見える世界

生命現象において命の宿った肉体は目に見える世界に属し、「命」と「水」は目に見えない世界に属します。

縦の陰陽と横の陰陽を模式的に表したものが、前ページの図です。

○肉体は有限、命は無限

横の陰陽においても縦のそれと同様に、陽は無限、拡散する力、広がる力として表現でき、陰は有限、凝縮する力、集約する力として表現できます。

そのため、陰としての水（羊水）の中で作られた肉体は有限となり、そこに人種、性別、年齢、体格、容姿といった個々の違いが生じることになります。

一方、陽としての命はありとあらゆるものを生かそうとする力であり、誰それ専用の命という区別はありません。私たちはあまねく広がる命の海の中で生きているといえます。

私たちは酸素を吸って生きていますが、その酸素もまた命の媒体です。つまり、私たちは自分たちを取り囲んでいる命を呼吸して生きているのです。

しかし、命を有限とみなして「この人の命には価値がある」「あの人の命には価値がない」と区別する人も多くいます。

横の陰陽における陰（羊水）が作った肉体は確かに有限ですが、本来、陽の性質を持つ命まで有限のものとみなしてしまうと、すべてが陰となり、真っ暗闇な救いのない人生観となります。

●命は生命の形を保つための吸引力

物理学の観点からは、陽としての「命」を吸引力、陰としての「水」を質量とみなせます。

その場合、命は「吸引して形を保とうとする力」と表現できます。その力が質量を引き付けて目に見える形を保ち、その力がそこから去ると質量が分解して目に見えない世界に還っていくのです。

生きている人は土の上に横たわってもそのままですが、死んでいる人体は土中の微生物に分解されます。これは、形を保つ力としての命が去ってしまったからです。

そうした観点で考えると、物質を構成する原子の中心にあって電子を引き付けている原子核を「吸引力＝命」、その周囲を周回していて各原子の特性を表している電子を「質量＝水」とみなすこともできます。

◉縦の陰陽の調和は「陽一〇〇：陰〇」

陰陽について、「陰陽のバランスをとる」「陰陽を統合する」といった表現を耳にしたことのある人もいるでしょう。

しかし、少なくとも縦の陰陽という観点からは、これらは誤解を招きかねない表現です。縦の陰陽においては、すべての原因としての光＝陽と、その結果としての影＝陰が混じり合ったり、統合されたりすることはあり得ません。原因と結果は根本的に異なる概念であり、混じり合うことも一つになることもないからです。

その上で陰陽の調和について考えるなら、光は光らしく（陽は陽らしく）、影は影らしく（陰は陰らしく）あることが調和であるといえます。

光（陽）はすべてのただ一つの原因なので、分割されていない「ただ一つのもの」として扱うべきです。つまり、「この人よりあの人のほうが光を多く持っている」といった考え方は間違いです。

一方、影（陰）は有限の結果なので、分割されたものとして扱うべきです。例えば、交通法規を覚えている人にも、全く覚えていない人にも等しく運転免許証を与えることはできません。目に見える世界においては、個々の違いを無視してはいけないのです。

光は光らしく、影は影らしくというのはそういうことであり、働きや役割を理解することにより縦の陰陽は調和されます。

いわゆるスピリチュアルなことに関心を持つ人の多くと、私の考え方が大きく異なるのはこうした点です。

例えば、陰と陽を一つに統合すれば「ワンネス（一なる実在）」に達すると考える人がいますが、縦の陰陽においては「陽＝光」こそが、そのままで完全な一なる実在です。

また、スピリチュアルな生活を五〇パーセント、物質的な生活を五〇パーセントというようにバランスさせると陰陽のバランスがとれると考える人もいます。

しかし、スピリチュアルなことを光（陽）、物質的な生活を影（陰）とするなら、前者が一〇〇パーセントで、後者は〇パーセントというのが本来あるべき配分です。第一法則「因果の法則」に沿って考えると必ずそういう結論に達します。

実在するのは光であり、影は光がさえぎられた結果として生じるかりそめの存在です。そんな影としての物質的な生活は、実際の影と同じく、〇パーセントの価値しかありません。〇パーセントの価値とは、影は仮相であり実相ではないという理解からくる価値観です。

そのため、縦の陰陽が調和する比率は必然的に「陽一〇〇：陰〇」となります。

●横の陰陽の調和は「陽五〇：陰五〇」

一方、横の陰陽が調和する比率は「陽五〇：陰五〇」となります。

ただ、これは表現として正確ではありません。生かす力である「陽＝命（火）」と肉体を作る力である「陰＝水」はまったく異なるものであり、計測してどちらが多い少ないと比較できるものではないからです。

そこでより正確に表現すると、陽と陰が両方きちんと揃い、それぞれの働きを果たすことでバランスを保ちつづけている状態が、横の陰陽の調和ということになります。

明想の実践においては、肉体における陽の性質（広がる力）と陰の性質（凝縮する力）を両方きちんと保ちつづけることが重要であり、それができていると光へのまっすぐな道がつながり、光が見えるようになります。

道というのはあくまで譬えです。ここでは、影の世界と光の世界をつなぐ縦の道を、横の陰陽がそれぞれ右や左へ引っ張っていると考えてください。

そうした引っ張りは縦の道を蛇行させ、影の世界から光の世界が見えなくなります。しかし、肉体において横の陰陽が両方きちんと保たれていると、縦の道は蛇行せずまっすぐになり、影の世界からでも光が見えます。

明想では、目に見える影の世界をシャットアウトするため静かに座って目を閉じますが、このじっとして動かない状態の肉体は陰に傾きます。しかし、これでは陽の要素がないので、内側で光を求める思いを強く持つようにします。

心拍や呼吸も含め、肉体の動きが波一つない水面のごとく静まりきる一方で、心は光への探求心で火のように燃え上がるとき、すべての根源としての光があなたの眼前に姿を現すでしょう。

第三原則「三態理の法則」

●物質の三つの姿

物質には主に三つの状態「固体」「液体」「氣体」があり、これを物質の三態といいます。

物質の三態について物理学や化学では、物質を構成する粒子（原子や分子）の状態の違いと説明され、次のように定義されています。

固体……粒子がほぼ一定の位置で振動あるいは回転している状態
液体……粒子が相互に位置を変えられる状態
氣体……粒子が空間を自由に運動する状態

粒子の運動という観点で考えると、固体よりも液体、液体よりも氣体のほうが、粒子が高いエネルギーを持ち高速に動き回っていることになります。

私たちにとって身近な水で説明すると、固体の水とは氷のことであり、液体の水は一般的にイメージされる水、氣体の水は水蒸氣にあたります。

氷では、隣り合った水分子（H_2O）が合体し、四つの三角形が立体的に結合した正四面体となります、それがさらに上下左右に合体して六角柱を形成するため、雪の結晶は六角形を形作りやすくなります。

氷を形作るその立体的な三次元構造は熱エネルギーが加わると解消され、個々の水分子

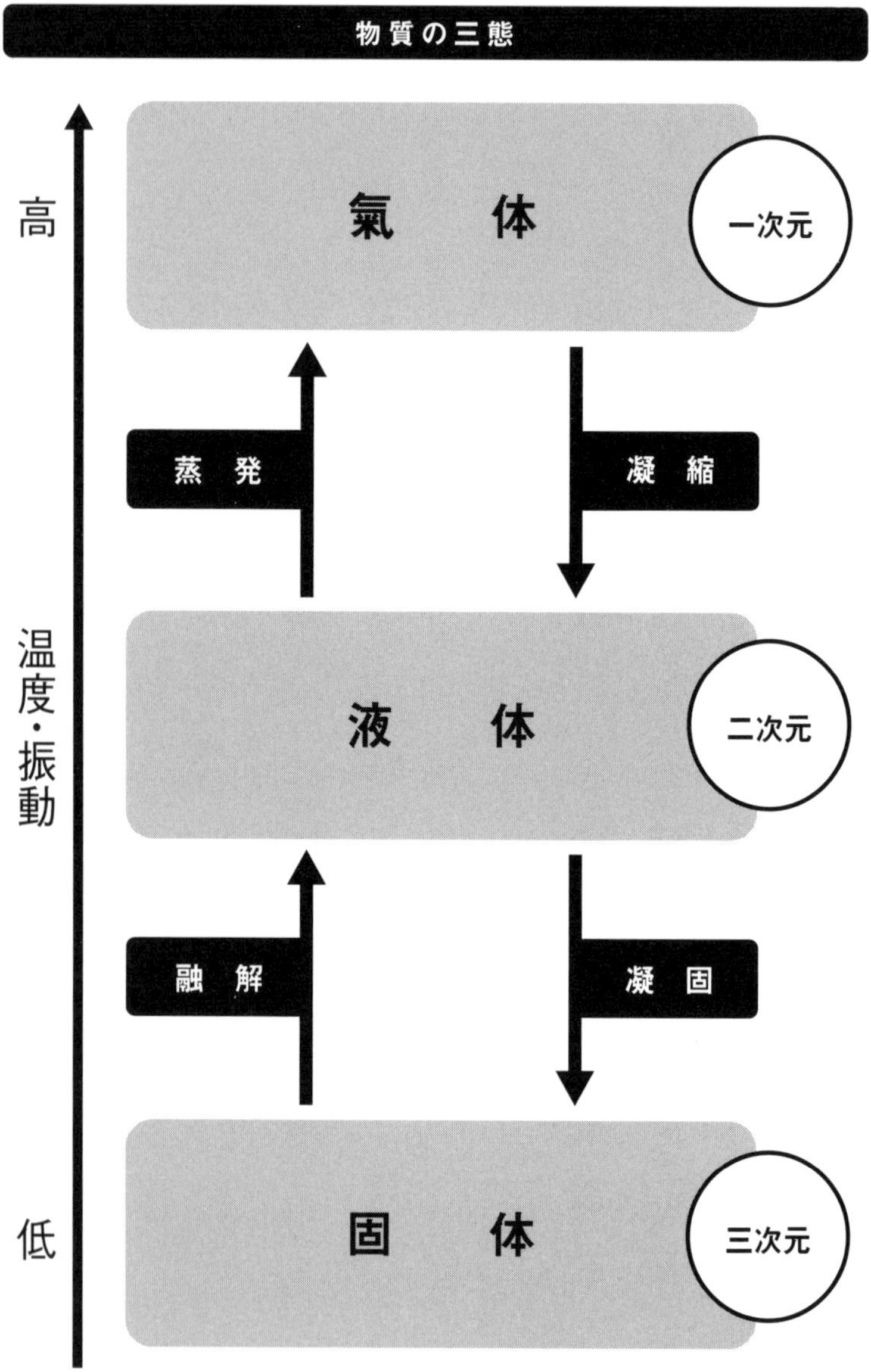
物質の三態
高
温度・振動
低
氣体
一次元
蒸発
凝縮
液体
二次元
融解
凝固
固体
三次元

が流動的に動けるようになります。これが、氷が解けて水になった状態です。個々の水分子は平面的な構造になっているので、これを二次元と考えてもいいでしょう。

さらに、熱エネルギーが加わると水分子の振動は激しくなり、空間を高速で動き回ります。そして、超高温に達すると水分子の結合は解除されて水素原子（H）と酸素原子（O）に分解されます。これを点のような一次元と考えてもいいでしょう。

物質の三態に関する以上の説明をまとめると、次ページの図のようになります。

●波動が高まると光の世界へ還っていく

物質の三態とはあくまで物理学や化学の分野の話ですが、私がここまで説明してきた、目に見えない世界としての光と、目に見える世界としての影についても、ちょうどこれと同じ説明が可能です。私はそれを「三態理の法則」としています。

三態理の法則では、目に見える世界としての影にあたるのが固体です。これはエネルギーが低くて動きが鈍い世界、別の言い方では波動が一番低い世界ということになります。

ここにエネルギーを与えて波動を高めていくと液体のように流動的になり、やがて氣体のように見えなくなります。目に見えない世界である光の世界に還ったのです。

このように説明すると、目に見える世界も目に見えない世界も、同じものが姿を変えているだけだと理解できるでしょう。

波動が高まると見えなくなり、その逆に波動が低下すると見えるようになるというのは、扇風機でも実感できます。

扇風機を低速回転させている間はよく羽が見えて、羽の後ろ側はあまり見えません。しかし、高速回転させると羽がよく見えなくなり、その代わりに羽の後ろ側が見えはじめます。まるで羽が消えたかのようですが、波動が高まると見えなくなるというのはこれにもよく似ています。

水分子の場合、その波動を高めるには熱を加え、波動を低下させるには熱を冷やしますが、明想においては「命（火）」の温める力により波動が高まり、「水」の冷やす力により波動が低下します。

「水」によって波動が低下すると目に見える世界が作られ、「命（火）」によって波動が高まると目に見えない世界へ還っていきます。これが真の輪廻転生です。

よく過去生（前世）ということをいいますが、命は永遠無限であり、過去・現在・未来というように分割できないので実は過去生も未来生もありません。

また、永遠無限の命が傷つくことは決してなく、いわゆるカルマ（宿業）が命に刻まれることもないのです。

カルマというものがあるなら、それは質量を持って存在する肉体に刻まれます。ただ、それを氣にする必要はありません。肉体とは影の世界の存在なので、カルマのことを氣にしていると、いつまでも影の世界の悪夢にとらわれてしまうからです。

要点は、肉体ではなく命を見ること、影ではなく光を見ることです。

すべての原因であり根源であるところの光に氣づくことなく、ただ死んでしまっては肉体が土に還るだけです。生きている間に「私は光である」ということを体験した人だけが、死んだときに本当の意味で光に還ります。

◎高波動・低波動とは何か

スピリチュアルなことに関心を持つ人の多くが「高波動」「低波動」といった言葉を使います。低波動な場所や人を避け、高波動なものを選ぼうという話ですが、三態理の法則の考え方でいうと、そもそも目に見える世界のすべては光の世界から比べると、かなりの低波動ということになります。

ただ、目に見える世界において、より高い波動、より低い波動という差はあります。

例えば、病気の人たちが集まる病院は低波動の場となっています。病気の人たちの命は流動性を失って停滞しており低波動の状態になっているからです。

肉体ばかり氣にしている人はどうしても波動が低下してしまい、命の流動性を失った結果、病気がちとなります。

本来なら病院は病気を治すため高波動でなければなりませんが、命を停滞させるような薬品を多く扱っているせいで、どうしても低波動になってしまうようです。

一方、接しているだけで心地よくてホッと安心でき、ずっとそこにいたくなるような場所や人は、高波動であるといえます。

そうした場所や人が発する高波動なエネルギーは細かい粒子のようなもので、すべてに浸透して何とも言えない穏やかな心地よさや理由のない喜びを与えてくれます。

その逆に低波動なエネルギーは大きな粒子のようなもので、ゴツゴツとぶつかって居心地の悪い感じを与えてきます。

そこで、自分が高波動なのか低波動なのかは、周囲との関係を見れば分かります。

どこへ行っても周囲から受け入れられ、疎外感や孤独と無縁の人は高波動です。そういう人は場所を選ばず生きていけますが、その逆に低波動の人は生きていく場所が限られてきます。

もし、あなたが高波動の人になりたければ、内側へ向かい光を見つめ、目に見える世界の何よりも高い波動を持つ光の世界に目覚めることです。

「私は光である」という確かな体験をした人は、エネルギーにあふれて常に若々しく、行動的で物事へ機敏に対処します。しかも、それでいて穏やかな安らぎを周囲の人々に与えるのです。

●正しい霊的知識により明想の準備が整う

明想の探求において正しい霊的知識を持つことが重要なのは、すべての原因としての光へと私たちの意識を正しく導いてくれるからです。

人は意識した方向へ導かれていくので、物質、肉体、結果といった目に見える世界を意識すると低波動となり、光、命、原因といった目に見えない世界を意識すると高波動になります。

「私は肉体ではなく命である」「私は影ではなく光である」と強く意識するだけでも、波動は少し高くなるのです。繰り返し思うとさらに高くなるでしょう。

そして、そうした思いが強くなるほどに、明想において光を見つけるのは容易となります。

いったん光を見いだしたなら、その光に集中しつづけることで波動はますます高くなり、光そのものへどんどん近づいていき、やがて光と一つになります。「私は光である」という圧倒的な体験です。

正しい霊的知識を知って波動が高くなることで、私たちの心身の性質は変化して明想への準備が整うと考えてください。

次の第四章では、私が教えている明想の具体的な方法について説明しましょう。

第四章

「明想」で「光」に目覚める方法

「光への目覚め」とは何か

自身が光であったことに氣づく「光への目覚め」は、意識の目覚め、魂の目覚めとも呼ばれます。

こう表現すると大げさな印象ですが、そうした目覚めを求めるのは鳥の帰巣本能のようなもので、もともといた光の世界に戻ろうとする本能だといえます。

普通、子どもは十歳くらいになると、「自分って何だろう?」「死んだらいなくなるのかな?」といったことを考えはじめます。これもまた、光の世界へ戻ろうとする本能から生じた問いです。

ほとんどの人は肉体のことを「私」と思っていますが、命のない死んだ肉体は決して「私」と言いません。そうなると、肉体に宿っている命こそが「私」ということになります。では、私の命と他者の命に違いはあるのか? 命はどこから来るのか?

そんな問いが心の中にあふれてくるところから、光への探求が始まります。

そして、今の日本に生まれた人の多くは光へ目覚める準備が整っています。なぜなら、衣食住が一応は整っていて、今日明日の生存を心配しなくていいからです。

命の危機を日々感じるような生活環境では、生きようとする肉体の本能のほうが勝ってしまい、光への目覚めについて考える余裕はなかなか持てないでしょう。

その意味で、現代日本は光への目覚めに関して恵まれた時代だといえます。

小我から大我へ

第三章で説明した霊的知識の第一原則「因果の法則」では、目に見える世界としての影を生み出しているのは、目に見えない世界としての光であり、光が原因（因）で影はその結果（果）であると説明しました。

光は四方八方へあまねく広がっていきますが、壁がその光を分離すると影が生じます。

では、光を分離して影を生じさせている「壁」とはいったい何なのでしょうか？

瞑想やそれに類した修行に取り組んでいる人の多くが、「私」と「光」との間に壁があると考え、その壁を取り除こうとしています。しかし、実際にはその「私」こそが、自ら壁となって光をさえぎっているのです。

そこで、「私」が影のほうを向いているときは、光は見えず影しか見えません。

その逆に、「私」が光のほうを向いていれば、影は見えず光しか見えません。

聖者と呼ばれるような方々は、常に光のほうを向いているから、肉体として影の世界にいても、同時に光として生きることができるのです。

「光が原因で影はその結果」という因果の法則をしっかり理解すると、「私は肉体ではなく光である」という意識を持てるようになり、明想の中で光のほうを向くコツが身に付いてきます。

明想の世界では、影を見ている私を「小我」といい、光を見ている私を「大我」と呼んで区別しています。

影のほうを見るときは、目に見える世界に映る小さな影としての私の姿を見るから「小我」。光のほうを見るときは、四方八方をあまねく照らす光をみて「私はこの大いなる光である」という意識になるから「大我」と呼ぶのです。

小我と大我

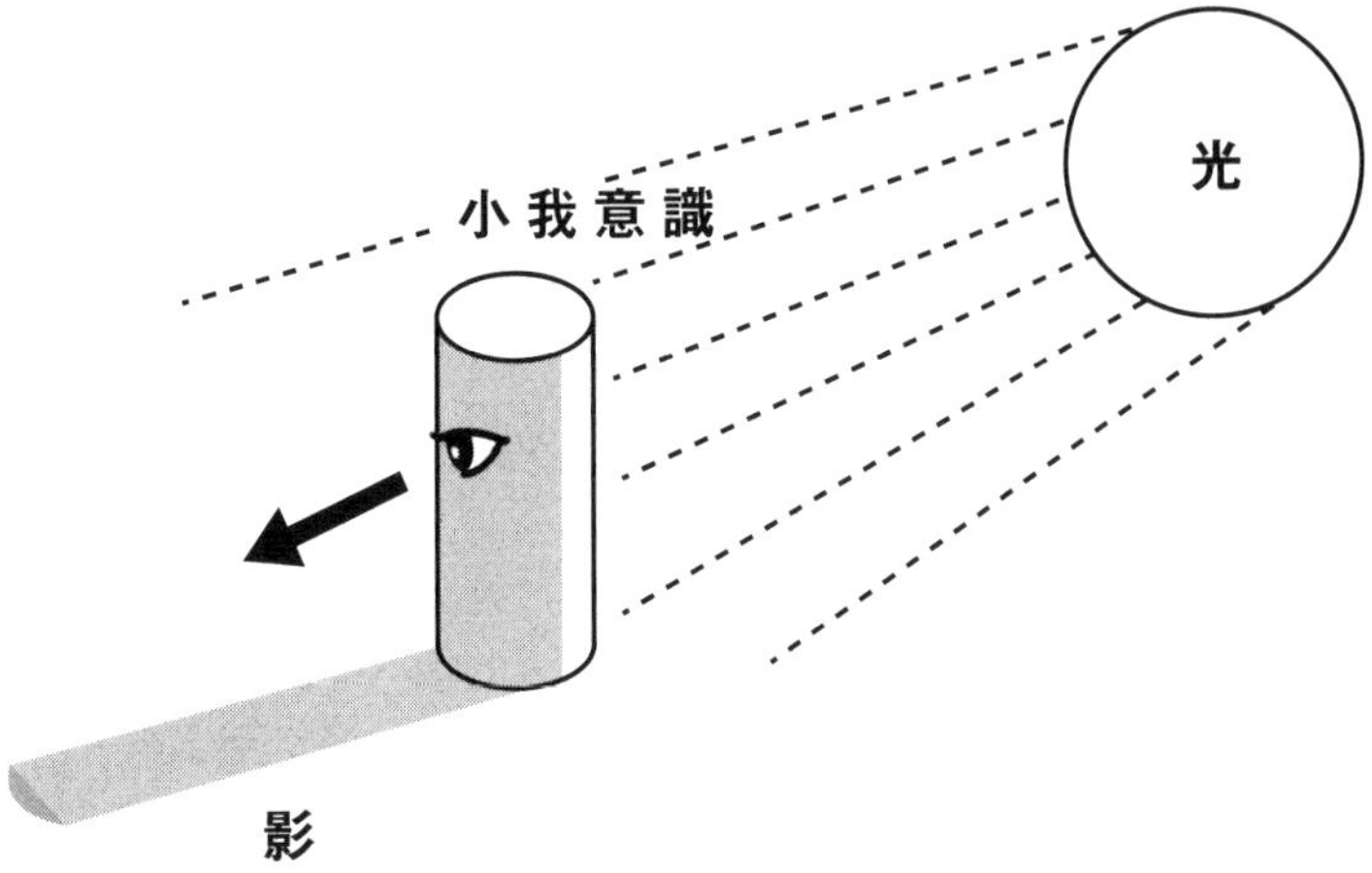

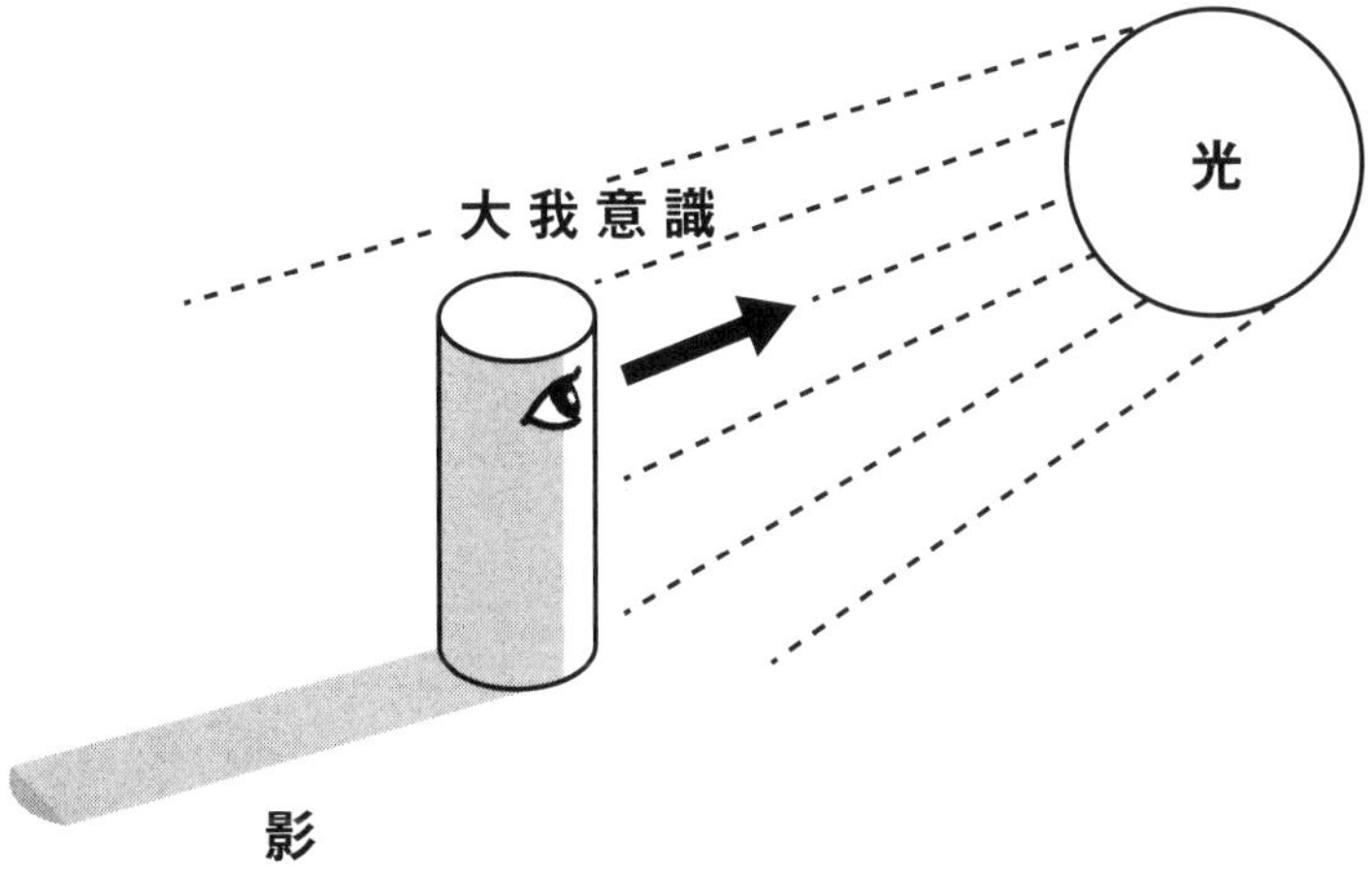

明想とは光のほうを向く訓練のこと

目に見える世界としての影において何か問題が生じているなら、それはあなたが光のほうへ向いていないからです。光に目覚め、そちらへと常に意識を向けていれば、万事はちょうどいいところに収まっていくものです。

しかし、影における問題を解決するために光に目覚めようとするのは、影が動機になっているため新たな影を生じてしまい、かえって光から遠ざかります。

そこで、明想するときは影における問題はいったん脇へ置いておき、一日数分から数十分でいいから光そのものであろうとします。せめてそのときだけは、強い意志で影の世界と決別して光の世界に戻ってください。これは、小我から大我へ切り替えることを意味します。

明想する前に、影のためではなく光を求めて明想していることを思い出しましょう。実際のところ、影の世界の問題を一つひとつ解決する必要はありません。

「私」が光を見ている者であると同時に、その見ている「光」そのものであるという体験を一度でもすれば、もう影の世界にとらわれることはなくなります。そして、その光の意識が、すべての問題を解決するマスターキーとなってくれます。

明想とは、影の世界を追うことが習慣になってしまった私たちの意識を、もう一度、光のほうへ向けなおす訓練です。それは訓練なので毎日行うのが基本です。

働いたり家事や育児に励んだりしているときに光を意識するのは難しいので、一日の中で明想のための時間を作り、その間はそうした日常の物事から離れられるようにします。

どんなに影の世界で忙しくしていても、光と影が交じることは決してないので、いったんコツをつかむといつでも光に戻れます。短い時間でもいいから毎日少しでも、影ではなく光を意識することが大切です。

さらに、明想の時間以外にも、ふと思い立ったときに一日何度でもいいから「私は光である」と思い出してください。たったそれだけのことでも、あなたの意識は光へ向かいます。それは、すべての原因は光であり、影ですら光から生じたものだからです。

実は、「私は光である」ということを思い出すのは、それほど難しくはないのです。

明想を行う時間について

では、明想の方法について説明しましょう。

まず、明想を行う時間帯ですが、初心者のうちは夜十一時（二十三時）以降は行わないようにします。その時間帯になると、自律神経の働きが交感神経優位から副交感神経優位に切り替わるというのが理由です。

結果、副交感神経優位の状態では何となく氣だるく感じ、明想しようとしても集中できず、思考や感情がネガティブに傾きがちとなるでしょう。

ただし、明想に熟練した方はどの時間帯でも大丈夫です。光を見るのに時間の制約を受けることはありません。

明想のときは部屋の電氣を明るくします。人間は本能的に暗い場所への恐怖心を持っているため、基本的には外が明るいうちに明想するほうがよく、夜に明想するなら部屋は明るくします。

どうしても暗いほうがいい人は薄明りでも大丈夫ですが、それでも初心者のうちはなるべく明るくしたほうがいいでしょう。熟練した方は、暗くても明るくても問題ありません。

明想に適したタイミングとしてお勧めなのは起床時や入浴後です。起床時はあまり時間をとれないでしょうから、五〜十分程度でも構いません。一方、入浴後はゆっくり時間をとるようにします。十一時前であれば就寝前のタイミングでも大丈夫です。

生理学的に集中力を持続できるのは最大約二十分とされているので、ゆっくり時間をとれるときでも二十分を目安にして、無理に長時間行う必要はありません。

明想の終わりを知らせるアラームなども不要です。二十分を予定していて実際は短くなってしまってもいいし、その逆に二十分より長くなってしまってもいいのです。

集中が途切れてきた感覚があったらそこで止めて、また改めて明想します。一日に二回は行うようにして、あとは好きなだけ何回でも明想できます。

明想の姿勢について

明想の姿勢について説明しましょう。

姿勢については、背骨をまっすぐ立てた状態で二十分ほど楽に座れる座り方ならどんな形でも大丈夫です。座具は座布団でもイスでもよく、最初のうちは壁に背中を付けてもいいでしょう。手の置き場所にも特に決まりはないので、自分が楽なようにしてください。

なお、床にあぐらで座る場合は、座布団を二つ折りにしてお尻だけを乗せるようにすると、背骨を立てやすくなります。

ただし、座具については明想のときだけ使う「明想専用」のものを用意することをお勧めします。イスを使う場合はクッションを用意して、それを明想専用にするといいでしょう。

これはスポーツ選手などが集中力を高めるために、いつも同じ動作を行う「ルーティン」のようなものです。いつも同じ座具を使うことにより、「明想するぞ」という氣持ち

座り方の一例

床に座る場合

イスに座る場合

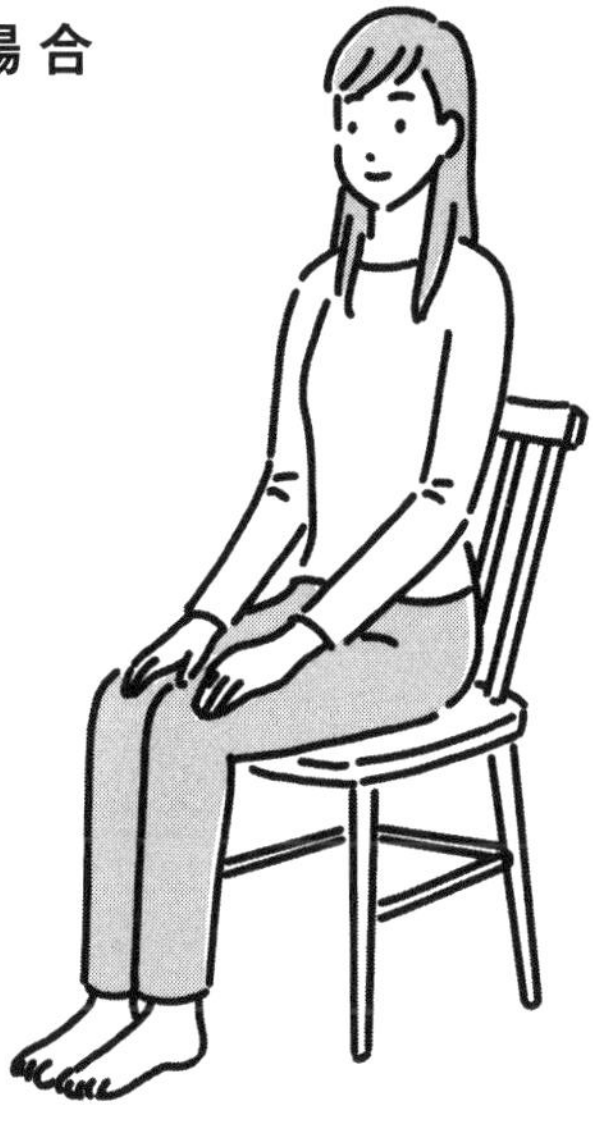

のスイッチが入りやすくなります。

部屋数の多い家に住んでいるなら、小さな部屋を明想専用にするとさらにいいでしょう。

明想の呼吸について

明想での呼吸についても説明しておきます。

第三章で、光を見るには横の陰陽の調和が重要だと述べました。

肉体における陽の性質（広がる力）と陰の性質（凝縮する力）の両方をきちんと保つと、光へのまっすぐな道がつながり、光が見えるようになるので、明想では呼吸法を用いてそれを行います。

具体的には吸う息と吐く息を同じ秒数にします。これは、息を吸うと肉体が陽に傾き、息を吐くと陰に傾くからです。そこで、吸う息と吐く息を同じ秒数にすることで、陽にも陰にも傾いていない状態を作ることができます。

さらに、少し呼吸を止めることも行います。これは、止めることにより体内の二酸化炭素濃度が高くなり、その分だけ酸素吸収量が増えるという生理学的な理由からです。
具体的な呼吸の方法については、次のステップごとの紹介の中で説明します。

明想の方法をステップごとに紹介

それでは、明想の方法をステップごとに紹介します。

①姿勢を整えて座り目を閉じる

楽に背骨をまっすぐ立てられる姿勢で座り、目を閉じます。いったん姿勢を決めたら、明想を終えるまで基本的には動きません。

②リズム呼吸を行う

五秒かけて息を吸い、五秒間息を止め、五秒かけて息を吐きます。このリズムの呼吸を繰り返します。

リズム呼吸のやり方

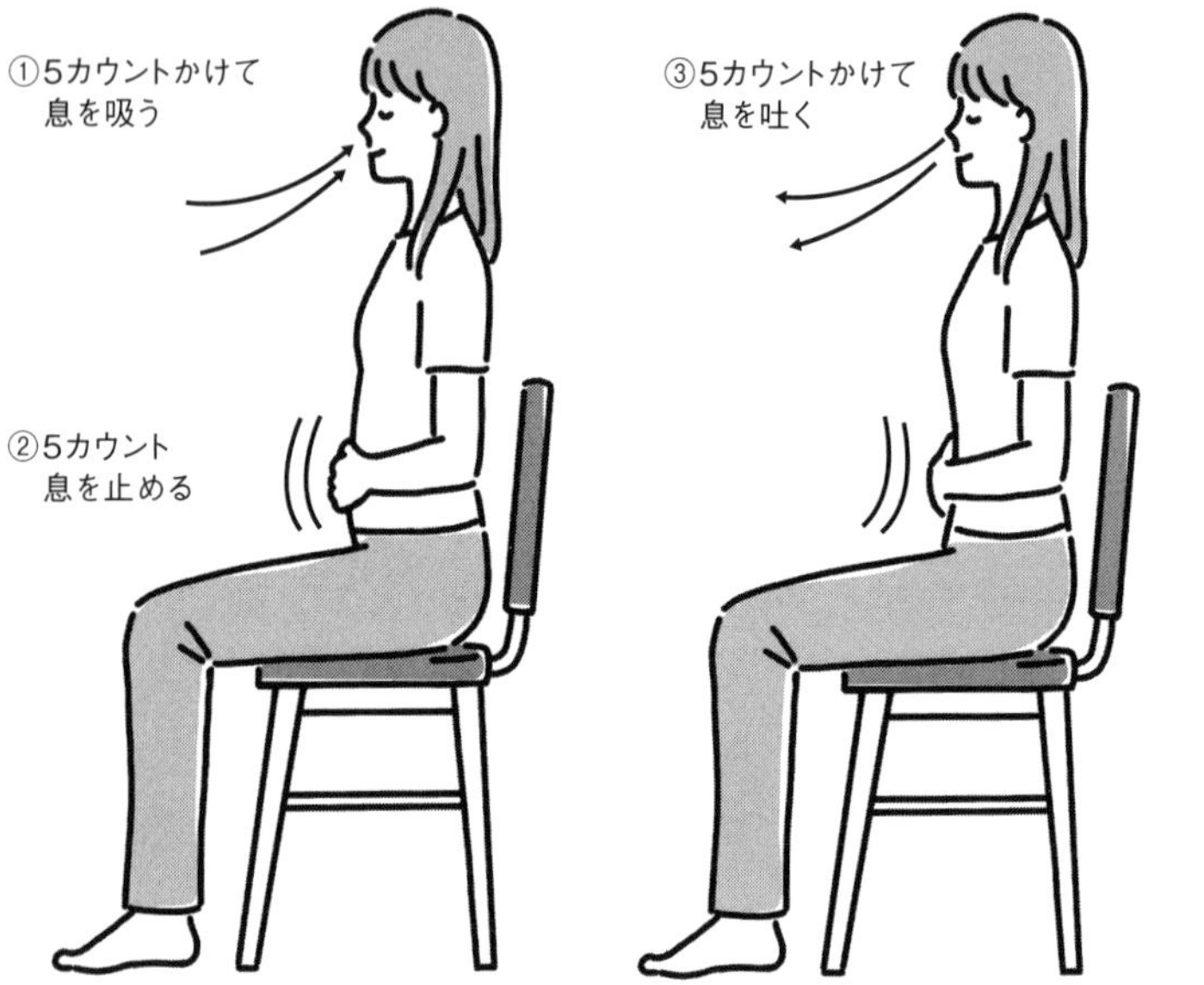
①5カウントかけて
息を吸う
②5カウント
息を止める
③5カウントかけて
息を吐く
※①~③を繰り返す

五秒というのは五カウントという意味であり、心の中でカウントしますが正確に五秒でなくても構いません。手首の脈をとって、それでカウントしてもいいでしょう。

五カウントの呼吸が苦しければ、四カウントずつ、あるいは三カウントずつでも大丈夫です。慣れてきたら息を長くして五カウントに近づけます。できそうなら、さらに長くしてもいいでしょう。ただし、「吸う・止める・吐く」の各カウントは必ず同じにしてください。長くても最大二〇秒とします。

息は鼻から吸い、鼻から吐きま

す。吸うときにお腹が膨らみ、吐くときにお腹がへこむ腹式呼吸を心がけます。

このリズム呼吸に関しては、慣れないうちは息苦しく感じて明想に集中できないことがあります。その場合は、普通の呼吸のままで次のステップへ進んでください。リズム呼吸については、明想の実践を進めながら少しずつ慣れていくといいでしょう。

③眉間の一点に視線を向け意識を集中する

リズム呼吸を行いながら眉間の一点に視線を向けます。このとき、眼球は斜め上・四五度を見るように上を向き、さらに眉間を見る感じで寄り目にします。まぶたは閉じたままです。

ただし、ここでいう眉間とは言葉そのままに「眉の間」ではありません。

目を閉じて指先を眉の間からその少し上のひたいにかけてかざしたときに、ムズムズとする場所が、明想において集中すべき場所としての眉間です。明想の前にどの場所がムズムズと反応するか確認しておきましょう。

その眉間からさらに、斜め上・四五度の上空を見つめるような意識で集中を維持します。二つの目が眉間で一つの目となり、そこからはるか上空を見つめる感じです。

意識の集中のさせ方

眉間の一点に視線を向ける　　斜め上45度を見る

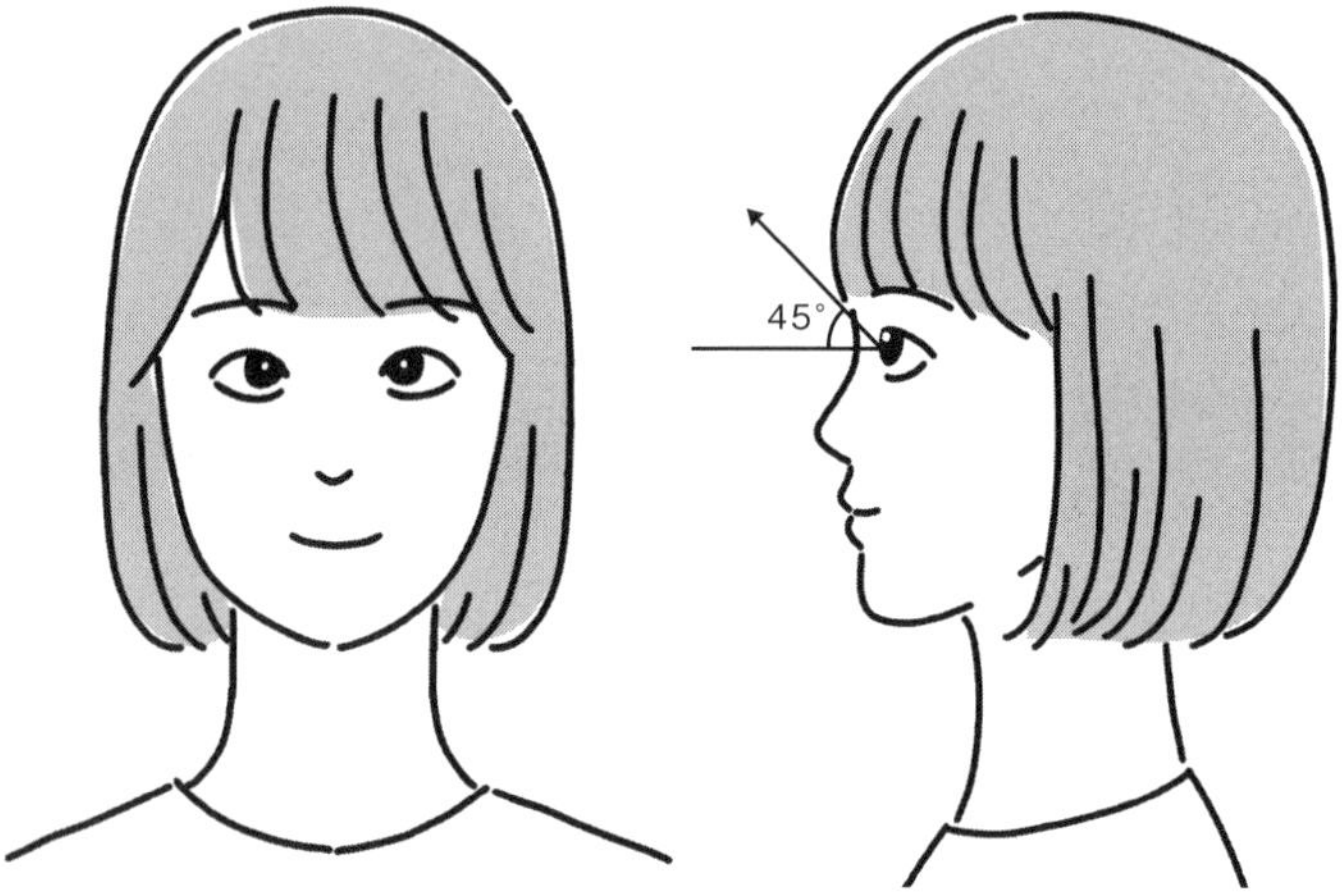

※実際は目を閉じている

　このとき、視線につられて顔が上を向かないよう注意してください。上を向くのは眼球だけであり、顔はあご先を軽く引いて正面を向きます。上を向いてしまうと首や肩を痛めるので注意が必要です。また、その逆にあご先を引きすぎてしまうと、すぐに眠くなってしまうので、これにも注意します。

④光が見えてきたら……

　リズム呼吸をしながら眉間の一点に視線を向け意識を集中していると、一点の光が見えてきます。最初のうちは見えないかもしれませんが、諦めずに続けていれば必ず見えるようになります。

星のような一点の光が見えたら、それをただじっと見つめます。見ているうちに光が消えても視線を動かして探したりせず、眉間への視線と意識の集中を持続します。見えなくなっても光は常にそこにあるので、見えても見えなくても集中しつづけることが大切です。

光が見えたらリズム呼吸を止めて自然な呼吸にして、光を見ることにだけ集中します。多くの場合、光をじっと見ていると呼吸のことは忘れてしまい、自然な呼吸に戻っているでしょう。

見ていた光が消えてしまったら、眉間への集中を保ったままリズム呼吸を再開します。

⑤明想を終了する

集中がとぎれて、それ以上は明想を続けられないと感じたら、自分の感覚でタイミングをはかって明想を終了します。

明想によって生じてくる変化

眉間に見えてくる光は肉眼で見ているわけではなく、古今東西の聖者たちが説いてきた眉間の「第三の目」で見ています。目に見える世界としての影を見るのが肉眼であり、目に見えない世界としての光を見るのが第三の目です。

肉眼で見るのは、分割された有限の世界を二つの目で見ることです。

一方、第三の目で見るのは、分割されていない無限の世界をただ一つの目で見ることです。

そこで、明想では肉眼の視線を第三の目に向け、ただ一つの目として見るよう心がけます。

明想で見える光は、すべての原因としての光であると同時に、肉体を生かしている命そのもの、生命エネルギーそのものです。そこで、光が見えてくるようになると、その人はいきいきと生命エネルギーにあふれて光り輝きます。

そして、無限のエネルギーに氣づくようになるため、他者への氣遣いや優しさが自ずとあふれてきます。無限にあるものだからケチくさくならないのです。

そうなったらぜひ、あなたの明想の体験を周囲の人に話してみてください。

光の世界、命の世界を見つめようとする仲間は実は常にあなたのそばにいます。しかし、あなたのほうからそれについて話さなければ決して現れません。

すべてはあなたが何を選択するかにかかっています。

周囲に明想の理解者がいない、身近な人が明想の邪魔をしてくる……とぼやくなら、あなたはまだ影の世界にいます。そうではなく、光と命を求める仲間を積極的に求めることのほうを選択してください。そうした仲間とは互いに探求を助け合うことになるでしょう。

どうしても身近で理解者を得られないと感じたなら、愛光流やありがとう村にお越しください。ともに明想しましょう。

明想に副作用はあるか

一般的な瞑想やそれに類した修行について少しでも知識のある人は、その副作用について耳にしたことがあるかもしれません。

例えば、氣功では「走火」といって、コントロールを失った氣が体内を暴れまわったり、頭痛や意図しない体の動きが生じたりすることがあります。または、ある種の幻覚や幻聴、精神錯乱を生じる「入魔」という状態になることもあります。

後者は禅の世界では「魔境」と呼ばれ、「仏に逢うては仏を殺せ」と言われます。仏さまが見えてもそれは幻覚だから無視しなさいということです。

瞑想実践者の中には、「神仏に会った」「人の心が読めるようになった」「過去生が分かるようになった」と言いはじめる人もいますが、それは光への目覚めとは関係ありません。

本書で紹介する明想において、そうした幻覚や幻聴、あるいは走火が生じることは、まずないでしょう。

仮に生じたとしても、霊的知識を正しく身に付けてさえいれば、光以外のものが現れても「これは違う」と切り捨てられます。明想で求めているのは無限の光であり、形ある有限の何かではないので、たとえ神々しい神の姿が現れてもそれを無視できます。

そのように、見えてきた何かに意識を向けず、ただひたすら眉間の一点に光を求めつづけると、どんな幻覚も幻聴も現れなくなります。強い意志でひたすらに光へ向けて走り抜く氣持ちを持つことが大切です。

一つ注意したいのは、眉間ではなく下のほうに光が見えるケースです。

明想していると、下のほうにギラッとした光が見えることがありますが、それに興味を示して視線を下に向けないでください。その光を見ると、精神が落ち着かなくなってしまいます。

霊的知識の第三原則「三態理の法則」でいうと、上のほうは氣体（光）の世界で、下のほうは固体（影）の世界です。いわゆる魔境の世界はその中間の液体にあたり、明想中に鼻先から下のほうにギラッとした光として見えることがあります。

以上のことだけ注意していれば、明想における副作用を心配する必要はありません。

明想Q&A

明想をやっていくうちに生じてくると思われる疑問点について答えておきましょう。

Q. 光がなかなか見えません。

A. 必ず見えようになるので諦めず明想を続けましょう。

光は常に存在しており、本来は目を閉じるだけで見えるはずのものです。しかし、私たちの多くは影ばかりに注目してきて光の存在を忘れてしまっているので、目を閉じると何も見えないと思い込んでいます。

まずはその思い込みをなくすこと。そして、必ず光は見えると信じて、ただひたすらに眉間を見つめつづけてください。また、第三章で説明した正しい霊的知識をしっかり理解することが一番の助けとなります。

Q. 何か見えた氣がしますが、明想でいう光なのかどうか確信が持てません。

A. はっきりとした明るい一点の光であれば正しく見えています。

正しく明想が行われていれば、ある段階で明るい星のような一点の光が見えます。明度の高い、きれいな無色透明の光です。

光は大きいこともあれば小さいこともあり、見ているうちに大きさが変わることもあります。また、ぼやけてきたり、消えてしまったりすることもありますが、視線はずっと固定して同じ場所を見続けることが大切です。

明想の進歩の度合いに応じて、光の明度や見える時間が変わってきますが、あまりそういうことは氣にせず、見えても見えなくても集中して眉間を見続けましょう。

繰り返し光を見て、それに慣れてくると光を見ることは容易となり、そのうちに目を閉じただけで明るい光が見えるようになってきます。

Q. 明想をしているうちにどうしてもウトウトしてしまいます。

A. 最初のうちは心地よくリラックスして居眠りするくらいでも大丈夫です。

緊張して体が力んでしまうと明想にならないので、最初のうちはむしろ居眠りするくらいでちょうどいいのです。ウトウトしているとき脳波はリラックスを意味するアルファ波（八〜一三ヘルツ）になっています。これが明想に必要な脳波です。

「あ、ウトウトしてたな」と氣づいたら、その時点で姿勢を正して明想を続けます。起きているのが難しいようなら、そこで明想を止めてもいいでしょう。

繰り返し明想を続けていくと、体の中に生命エネルギーが蓄積されていきウトウトしなくなります。さらに、続けると全身が熱くなってきて汗がふきだしてきます。そして、明想を終えた後も、体にエネルギーが満ちていて全身の疲労がなくなったことが実感されます。

これは明想がうまくいっている証拠です。光からの生命エネルギーが眉間への集中によって圧縮されて熱エネルギーに転換された結果、体温が上昇し、全身の血流が改善されて疲労が回復したのです。

さらに、これに伴って心も元氣になり、何でもできる氣分になってきます。また、夜はぐっすりと眠れて朝は寝起きが良く、日中も体が軽く感じるはずです。

Q. 明想で健康になれるでしょうか？

A. 健康状態は確実に向上します。

一つ前の質問への回答で説明したように、明想が進歩してくると心身が元氣になって睡眠の質が向上し、疲労が回復します。そのため、健康状態は確実に向上するといっていいでしょう。

整体の観点からは、明想が進歩してきた人は背中の筋肉がとても柔らかく、深く呼吸できていることが分かっています。これは自律神経の状態が良いことを意味しており、潜在意識に潜んでいる、いきすぎた欲求やトラウマ（心的外傷）といったものも自然に解消されていることになります。

つまり、整体の施術と同じ効果が明想にあるといっていいでしょう。

実際、ひざが痛くて正座をできなかった人が、明想合宿を終える頃までに普通に正座できるようになっていたケースもあります。

また、病気などの状態がそこまで変わらないとしても、その受け取り方がまったく違ってきます。そういう意味で、心身のトータルな健康度が大きく向上することは確かです。

Q. 心の病があるのですが明想しても大丈夫でしょうか？

A. 明想により改善する可能性があります。ただし、いくつか注意事項があります。

明想は健康状態を向上させるので、心の疾患も改善する効果があると考えていいでしょう。ただし、不安があるなら、まずは呼吸法だけを行うことをお勧めします。

また、重度の心の病を持つ人の場合は、まず明想に適した心身を作るための栄養素をしっかりと摂り、適切な体と心のケアを施しつつ、機を見て明想の実践に入っていくといいでしょう。

明想に適した心身を作るための栄養素とその背景にある生理学については、次の第五章で説明します。

第五章

「明想」に必要な栄養学・生理学

光のエネルギーの受け皿になる体を作る

明想ではすべての原因としての根源の光に意識を集中し、光の世界からの生命エネルギーを受け取っていきます。

しかし、本来は意識を集中してもしなくても、私たちはあまねく広がる光からの無限の生命エネルギーにつながっているのです。

それを実感できないのは、意識が光のほうへ向いていないのがまず理由の一つ。もう一つの理由は、肉体が生命エネルギーを蓄えられる状態に十分整っていないというものです。

そのため、たとえ光に意識を向けていても、生命エネルギーの媒体となる肉体を整えていないと生命エネルギーを蓄えられません。その場合、明想の進歩はある程度のところで止まってしまうでしょう。

生命エネルギーは体を元氣にするだけでなく、内側を育てる力にもなってくれます。心の成長、魂の成長には十分な生命エネルギーが必要です。

人体はバッテリーのようなもの

ここでは、生命エネルギーを蓄えるバッテリーのようなものとして人体を捉えてみてください。

バッテリーは、バッテリーボックス（容器）部分とバッテリー液、電極などで構成され、そこに電氣が充電されます。

ボックスの壁が薄くなっていると電氣がたくさん入らず、分厚いとたくさん入ります。ここでいうボックスの壁とは人体では筋肉にあたります。つまり、一定の筋肉量がないと蓄えられる生命エネルギー量に制限が加わるということです。

一方、バッテリー液は、人体では血液やリンパ液などの体液に相当します。バッテリー液が汚れていると化学反応をうまく起こせず、電流をうまく蓄えたり取り出したりできません。つまり、体液が汚れていると生命エネルギーをうまく蓄えられないということです。

最後に、プラスとマイナスの電極は、人体では自律神経と、その自律神経が周囲を通っ

人体はバッテリー

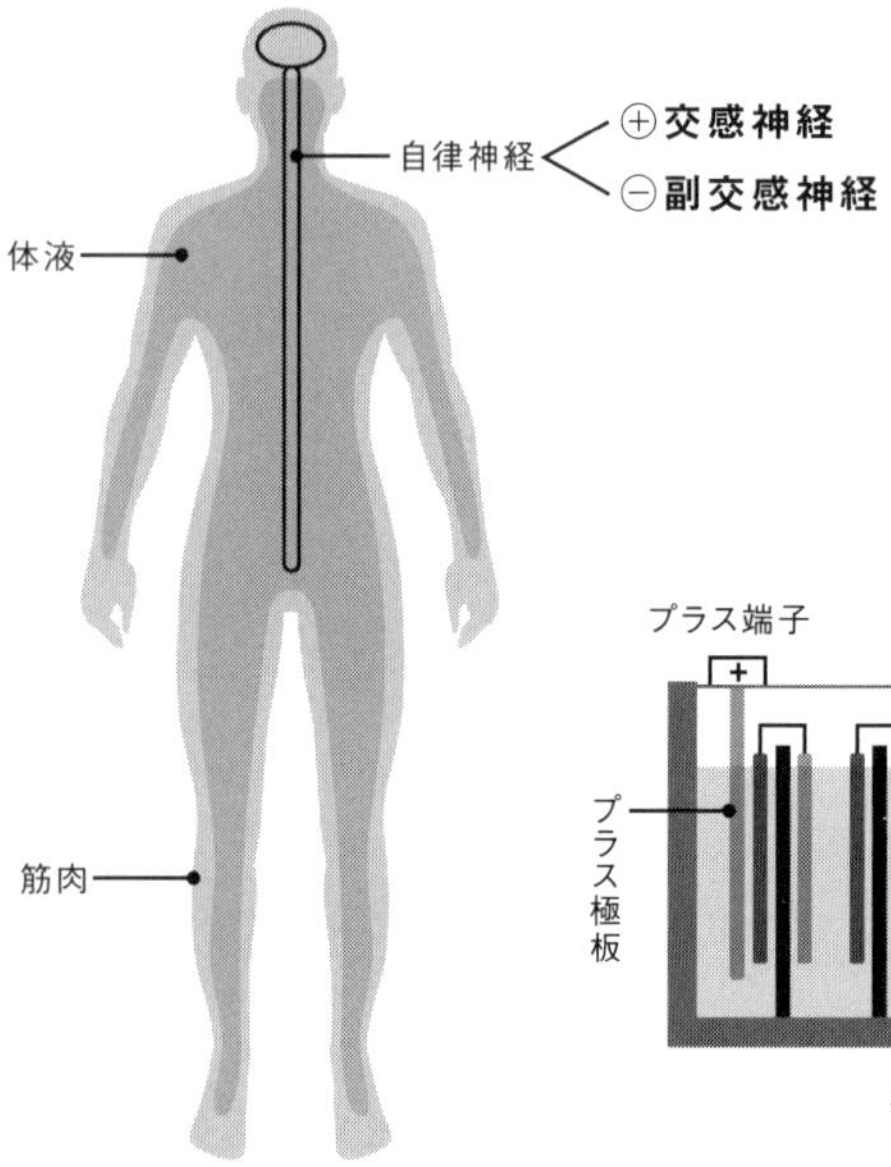

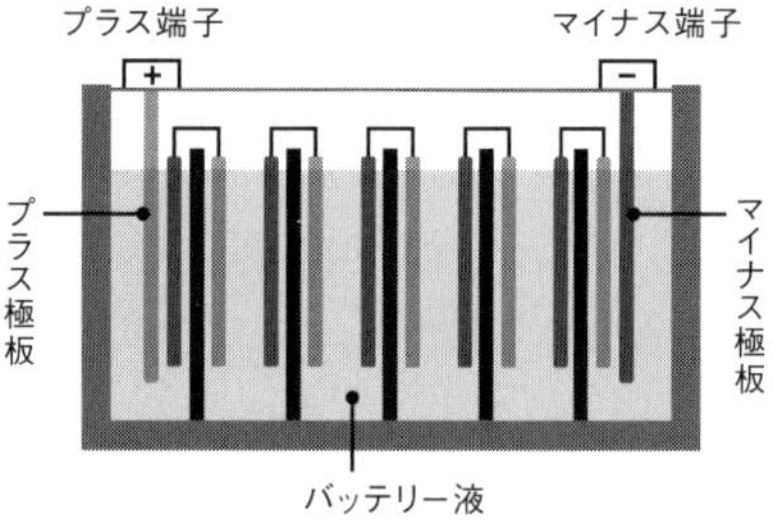

ている背骨に相当します。神経は漢字で「神の経路」と書き、そのまま光の世界からの生命エネルギーの通り道を意味しています。

自律神経においてプラスとマイナスにあたるのが、交感神経と副交感神経という二種の神経であり、この二つが適切に切り替わることで生命エネルギーが正しく循環します。

つまり、光の世界からの生命エネルギーを人体でしっかり受け取るには、一定の筋肉量、きれいな血液とリンパ液、適切に機能する自律神経という三つが必要なのです。

エネルギーを放出・貯蔵する物質「ATP」

人体を細胞レベルまでクローズアップすると、そこにもまたバッテリーの働きをする物質が見つかります。それが、ATP（アデノシン三リン酸）です。

ATPはすべての生物の細胞に存在する物質で、エネルギーを放出・貯蔵する働きがあります。また、体内において、物質からエネルギーを生み出すときにはATPを経由することが多いため、「生体のエネルギー通貨」「生体の共通通貨」とも呼ばれます。

端的にいうと、食べたものをエネルギーとして体が利用できるのはATPのおかげです。

ATPに備わった、エネルギーを放出・貯蔵する働きはバッテリーのように機能することができ、光からの生命エネルギーもそこに蓄えられます。そこで、体内のATPが少ないと生命エネルギーが不足した状態となります。

人体の細胞でATPが作られるプロセスには、解糖系、クエン酸回路、電子伝達系の三つがあり、炭水化物が分解されてできるグルコース（ブドウ糖）の一分子につき、解糖系とクエン酸回路でそれぞれ二個ずつのATPが、電子伝達系で三十四個のATPが作られます。

ATPを作るには炭水化物だけではダメで、脂質が分解されてできるグリセロールや脂肪酸、タンパク質が分解されてできるアミノ酸なども、各プロセスの化学反応に関与してきます。

つまり、光の世界からの生命エネルギーを蓄えるATPを作るには、三大栄養素である炭水化物、タンパク質、脂質をきちんと摂取する必要があるのです。また、酸素が必要なので適度に深い呼吸も必要です。

そのほか、ビタミンB群もATPを作り出す一連の化学反応に必要です。さらに、電子伝達系でATPを作る際に大量の活性酸素が生じるので、それを除去してくれる十分な量のミネラルが必要です。

ATPは神経伝達にも関わっており、また心臓を動かす力でもあります。そのため、大脳や脊髄、心臓に多く存在しています。それは、それらの部位に光からの生命エネルギーが大量に必要ということでもあります。

細胞でATPが作られる仕組み

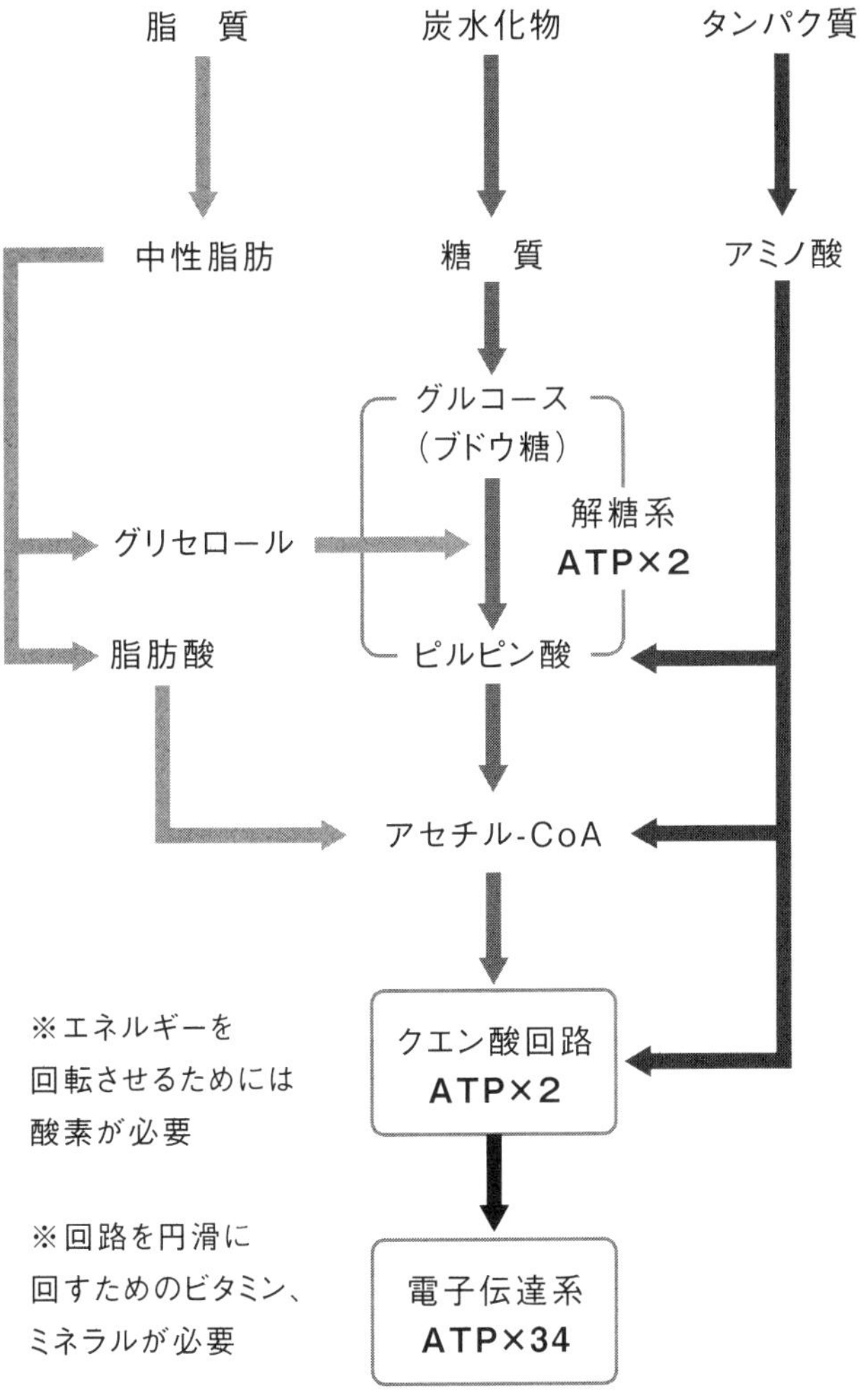

（化学反応の詳細は省略）

細胞における解糖系、クエン酸回路、電子伝達系という三つの仕組みが正しく働いていないと体を動かすエネルギーが不足するだけでなく、感情は乱れ、明想も進歩していきません。

明想により生体電流を大脳の前頭前野へ誘導

冒頭のバッテリーの例えそのままに、人体では実際に電流も生じています。

明想では、その主に心臓で発電されている生体電流を、「A10」という神経を通して大脳の前頭前野（前頭部）に誘導することになります。すると、その場所でセロトニンという神経伝達物質が多く分泌され、心は穏やかな幸福感に満たされるのです。

大脳の前頭前野はさまざまな欲求を抑える理性を司っており、その分だけストレスの溜まりやすい場所となっています。そのため、そこでセロトニンが分泌されると、ストレスがなくなって心が軽くなることが実感されます。

さらに、セロトニンが大量に分泌されて大脳を満たすと、思考が完全に止まり視界のす

A10神経

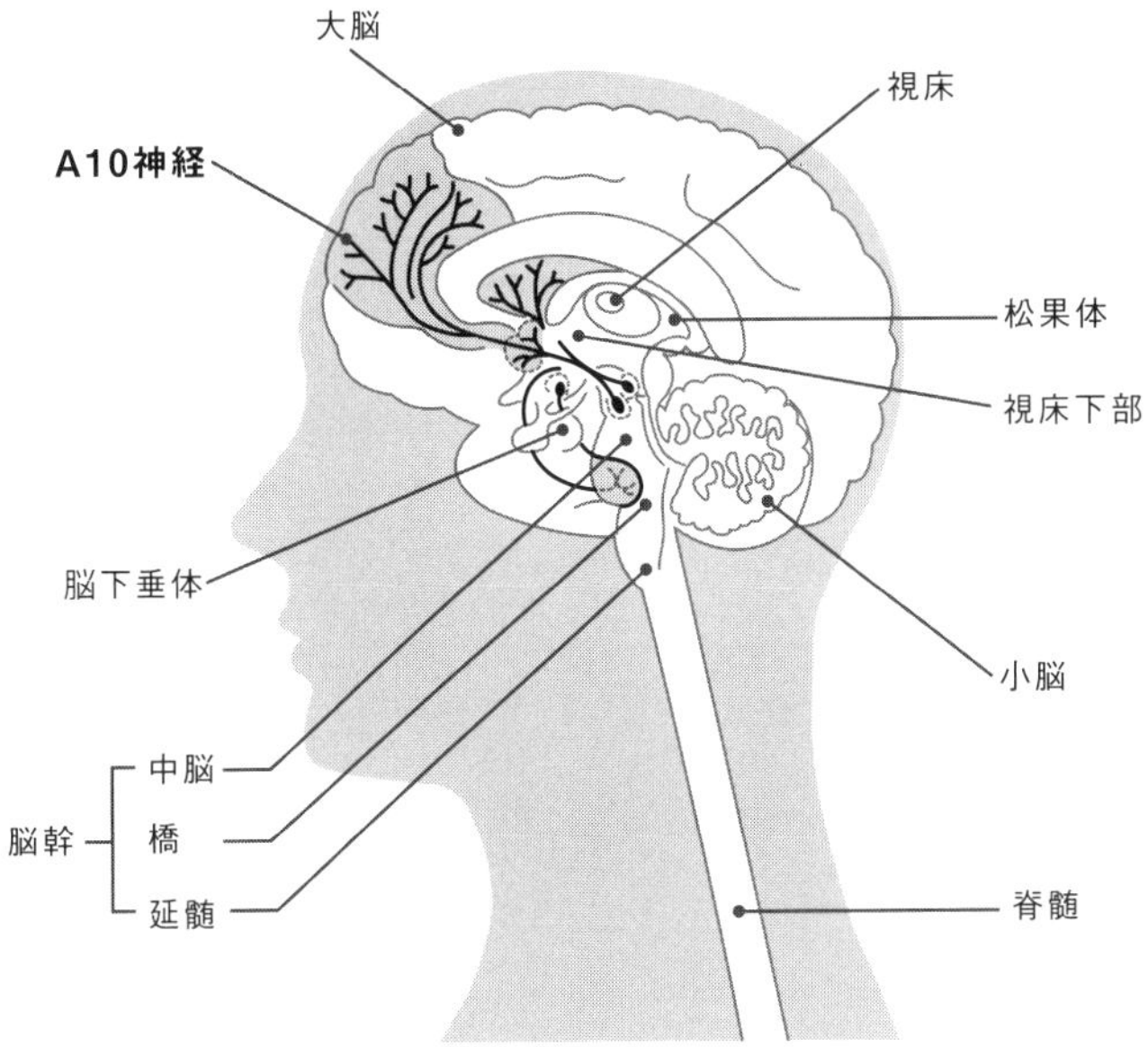

べてに白い光が広がる体験をします。これは深い明想の状態といっていいでしょう。

このように、明想で見える光は大脳生理学的にも説明できます。

明想で眉間を意識するのは、大脳の前頭前野へ生体電流を誘導するためです。体の特定の部位を意識すると、生体電流はそこへ向けて流れていくのです。

東洋医学では、意識した部位へまず生体電流（氣）が流れ、その後に血流（血）とリンパ液などの体液（水）が流れていくと考えます。これを「氣血水」といい、東洋医学ではそのバランスをとって健康を回復させていきます。

明想においては、眉間の一点に集中してA10神経だけに生体電流を誘導することが重要です。なぜなら、大脳全体に生体電流が流れてしまうと、過去や未来のことに心を悩ませたり、雑念が浮かびやすくなったりするからです。

大量の生体電流が右脳へ流れると幻覚が現れ、左脳に流れると幻聴が現れます。これが第四章でも触れた、一般的な瞑想の副作用としての魔境です。

A10神経は、すべての原因としての根源の光へつながる道として「霊道」と呼ばれています。本書で紹介する明想の方法は、この霊道の開発が主眼となっています。

松果体と宇宙意識

明想では、眉間の奥のほう、脳の真ん中あたりにある松果体も重視されます。松果体は、医学的には光や磁力をキャッチするセンサーとされており、明想においては目に見えない光の世界を捉える器官として機能します。

意識を眉間に集中してA10神経に強い生体電流が流れると、神経の周囲には磁界が生じ、それが松果体を刺激して活性化させます。さらに、松果体の活性化された働きは脳下垂体の働きを正常化します。

さまざまなホルモンを分泌する脳下垂体は「ホルモンの司令塔」とされる器官です。そのため、脳下垂体の正常化は全身のホルモン器官にも影響を与え、各ホルモンの分泌量を適切に調整します。

ホルモン器官の調整は心身の健康はもちろんのこと、明想の進歩にも大きく関わってきます。そこで、人体各部のホルモン器官は、インドでは「七つのチャクラ」として、聖書では「七つの教会」として表現され、それぞれの教えにおいて重要視されてきました。

また、脳下垂体や人体各部のホルモン器官の調整と連動して、自律神経も調整されることになります。

自律神経は、人体をバッテリーに譬えた場合にプラスとマイナスの電極に相当するものであり、これが適切に切り替わるよう調整されることで、全身を覆う「生体磁場エネルギー」と呼ばれる楕円形の磁場が生じます。

この生体磁場エネルギーは、人体における生体エネルギーそのものの場であり、いわゆる「オーラ」と呼ばれるものがこれにあたります。

明想を実践している人は意識が光のほうへ向いているので、この生体磁場エネルギーの周波数（振動数）がそれに合わせてチューニングされ、光の世界と同じ周波数になります。すると、同じ周波数の音叉同士が共鳴して振動しあうように、生体磁場エネルギーが光の世界と共鳴し、やがて光と一体になる圧倒的な体験を引き起こします。

このとき、視線は自然に四五度よりもさらに上方へと向き、ちょうど松果体を見ているような状態になるでしょう。眼球の可動域の制限があるため、実際に松果体のほうを向くわけではありませんが、まるで松果体を直接見ているような感覚になります。

この意識状態は、道《タオ》につながった状態、あるいは宇宙意識としても表現できます。知花先生はこれを「宇宙即我、我即宇宙（宇宙は私であり、私は宇宙である）」と言います。知花先生は光の意識から、釈迦がこの境地に至ったことを知ったそうです。

ここでいう宇宙とは無限の広がりを持つ時間と空間のことであり、すべての存在がそこに含まれます。つまり、本来すべての存在は宇宙と一体であり、時間と空間はないのが宇宙です。

生体磁場エネルギーが光の世界と共鳴して宇宙意識になると、宇宙と一体であることをはっきり実感して「宇宙即我、我即宇宙」の境地に至ります。

断食や玄米菜食は明想にとってマイナス

一般的な瞑想体系の多くで断食や玄米菜食が勧められています。それは、空腹状態が続くと体内の非常電源のような仕組みがONになり、恍惚状態や覚醒状態を生じやすいからです。

そうした恍惚状態や覚醒状態により、瞑想に入るのが容易になるのは確かです。しかし、非常電源はそう長く続かないため、一週間ほど経過すると精神状態はもとに戻り、体も疲れはじめます。

それでもなお、断食や玄米菜食を継続した場合は、心身の健康を確実に損なうことになるでしょう。

もっとも、明想を続けていくと食べたり眠ったりしなくても平氣な状態になることはあります。ですが、初期の段階で食事や睡眠を制限してしまうとATPが少なくなり、明想がうまくいかなくなります。

すでに説明したように、明想にとって十分なATPを作り出すには、三大栄養素の炭水化物、タンパク質、脂質とビタミンB群、ミネラルを過不足なく摂取する必要があります。タンパク質はセロトニンの原料にもなり、脂質はホルモンの原料となります。このことからも、明想に取り組むときは断食や玄米菜食ではなく、普通にきちんと食べたほうがいいのは明白です。

人体の生理学的なプロセスは心理と直結しています。例えば、イライラしているときは肝臓機能と血糖値に何らかの異常が生じているはずです。それを調整するには明想よりも、まずは必要な栄養素を摂り、休息することです。

適切な食事により生理学的なプロセスをまず整え、感情の平静さを取り戻した上で明想に取り組むと、速やかに穏やかな幸福感に達します。

不足しがちなタンパク質はプロテインで補う

三大栄養素の中で十分な摂取量を確保しにくいのがタンパク質です。

タンパク質は、人体をバッテリーに例えた場合のバッテリーボックスにあたる筋肉の原料となる栄養素です。また、脳内のセロトニン分泌に関与する栄養素でもあり、ストレスに反応して神経で生じる炎症を鎮める際にも必要です。

氣功や瞑想の副作用として生じてくる「走火」という現象は、制御不能になったエネルギーが体内で暴れまわるというものですが、生理学的にはストレス反応による神経の炎症として説明できます。

そこで、断食や玄米菜食と同時に瞑想を実践すると、この走火の状態になりやすいといえます。タンパク質が不足したまま神経に大量の生体電流が流れると、どうしても炎症を起こしてしまうのです。

さらに、これが常態化すると自律神経、中枢神経、末梢神経に異常が生じ、精神疾患やがんなどさまざまな病気を招きます。

瞑想者に起きるそうした病気は古来、「禅病」と呼ばれてきました。これを予防するには瞑想法の工夫だけでは難しく、タンパク質を十分摂取して神経の炎症を取り除く必要があります。

明想に取り組む人は一日に、体重一キロあたり一・二〜一・六グラムのタンパク質を摂るべきです。これは平均的な推奨摂取量より少し多い程度です。

また、人体に必要な必須アミノ酸をバランスよく含んでいることを示す「プロテインスコア」の数値が一〇〇に近い食品が、良質なタンパク源ということになるので、そうしたものを積極的に摂るよう心がけます。

一般的な食品では、鶏卵（プロテインスコア一〇〇）、牛肉（プロテインスコア八〇）、牛乳（プロテインスコア七四）、大豆（プロテインスコア五六）、牛などが、良質なタンパク源といえるでしょう。

ただ、実際は食品だけで十分なタンパク質を摂取するのは困難です。

例えば、体重五〇キロの人が体重一キロあたり一・六グラムのタンパク質を摂ろうとすると、一日に八〇グラムのタンパク質を摂ることになり、卵なら約十一個、牛肉なら約六六〇グラムも摂取する必要があります。

そのため、食事だけで必要十分なタンパク質を摂ろうとすると、胃がもたれたりカロリー過多になったりするでしょう。

そこで、お勧めなのがプロテインです。プロテインには主に、牛乳が原料の「ホエイプロテイン」と、大豆が原料の「ソイプロテイン」があります。

このうちソイプロテインのほうは、原料が大豆である点がネックとなります。大豆には女性ホルモン（エストロゲン）に似た作用を持つイソフラボンという成分が含まれているので、普段から醤油や味噌などで大豆を多く摂取している私たちがソイプロテインを摂ってしまうと、体内のホルモンバランスが乱れ、自律神経の調整がつきにくくなるのです。また、植物性タンパク質にあたるため、消化吸収においてやや負担がかかります。

一方、ホエイプロテインのほうは、明想に必要なアミノ酸をしっかり補給でき、消化吸収の点でもより負担が少ないといえます。できれば、より自然に近い環境で健康的に育ったグラスフェッド牛（牧草だけで飼育された牛）の牛乳を原料とした製品を選びましょう。

聖者と呼ばれる方々のエピソードにはヤギのミルクを摂っていた話が見られ、ここからも明想におけるタンパク質の重要性がうかがえます。

カフェイン飲料は明想にとって有益

タンパク質のほか、細胞でATPを作るのに必要なビタミンB群やミネラルに関しても、食品では必要量を摂りにくいのでサプリメントの利用をお勧めします。

私が主宰する愛光流では、ナウフーズ社のビタミンB群サプリメント「B－50」と、トレースミネラルリサーチ社のミネラルサプリメント「コンセントレースミネラル」を推奨していますが、他社製品でも構いません。

カフェイン飲料の摂取についても、ここで触れておきましょう。

一般的な瞑想においてはカフェイン飲料を避けるよう指導することが多いようです。しかし、カフェインには神経を保護する作用があり、コーヒーや紅茶、緑茶に含まれるポリフェノール類には脳細胞の成長を促す作用が確認されていることから、適量のカフェイン飲料は明想にとって有益であるといえます。

明想ではA10神経に大量の生体電流を誘導するため、神経に負担がかかり大脳が疲労してしまいがちです。カフェインにはそうしたダメージを回復する働きがあると考えていいでしょう。

カフェインを受け付けない体質の人や、摂取量を抑えなければならない妊婦の方などは、ルイボスティーなどノンカフェイン・高ポリフェノールの飲料を選択します。

また、甘いものを少し摂ると大脳の疲れが速やかに取れるので、明想の合間に黒糖やハチミツといった質の良い糖分を摂りつつ、コーヒーなどを楽しむのがベストです。そこで、私の指導する明想合宿でもコーヒーブレイクの時間を頻繁にとるようにしています。

明想では真剣な姿勢を求められますが、深刻ではあってはいけません。

深刻なときの脳波は緊張状態を表すベータ波（一三ヘルツ以上）を示しますが、明想ではこれをリラックスさせてアルファ波（八～一三ヘルツ）へと、さらに深い明想ではシータ波（四～八ヘルツ）まで鎮めていく必要があるからです。

リラックスするとどうしても眠くなりますが、コーヒーブレイクで談笑などするとちょうどいい脳の状態となり、カフェインの作用も手伝ってアルファ波のままでしっかりと眉間に集中できます。

第六章

「光」に目覚めた人生はこう変わる

老子はなぜ「徳《テー》」を説いたのか

「はじめに」で紹介した『老子道徳経』では、前半で「道《タオ》」について、後半で「徳《テー》」について説かれています。道《タオ》とは、すべての原因である根源の光のこと。徳《テー》とは、その道《タオ》に沿った生き方のことです。

明想で光の世界に目覚めると、その人の生き方は自然に変わっていきます。しかし、光と一体になる圧倒的な体験を得るまでは、光への氣づきが与えてくれる新たな視点に思考や感情が追い付いていかないことがあります。

そんなときに役立つのが、すでに光と一体となった明想の先達たちの教えです。老子が徳《テー》を説いたのも、そのためでしょう。

ここでは老子にならい、光に目覚めたあなたに起きてくる意識の変化に沿った、新しい思考、感情、行動のあり方を紹介します。これは、そのように考えたり感じたりすべきという話ではなく、光の意識で生きていくと必然的にそうなってくるという話です。

いくつかのテーマを取り上げたので、明想の進歩における一つの道しるべとして考えてみてください。

影の世界の問題に意識を向けないこと

第三章でも触れたとおり、光の世界には一〇〇パーセントの価値がある一方、影の世界の価値は〇パーセントです。

例えば、目の前に金塊とその影があるとして、影のほうに価値を見いだす人はいません。それは、光の結果でしかない影には一片の価値もないからです。

ところが、明想で光の世界に目覚めはじめてもなお、影の問題をどうにか解決しようとするケースがあります。影の世界に価値を見いだすクセが抜けきっていないのです。

影の世界に価値がないなら、それを解決することにも価値はないということを繰り返し確認していくと、そのクセも自然になくなっていきます。

結果としての影の世界に答えはなく、原因である光の世界にのみすべての答えがあります。だから、光に目覚めつつある人は、光を求めることを第一に考えるべきです。

この本の読者の中にもおそらく、世の中を憂いて戦争や飢餓などをなくそうと行動している人がいるでしょう。

しかし、影の世界の問題を影の世界の解決策でどうにかしようとしても、光から遠ざかり影は濃くなるばかりです。影は分離の世界なので、一所懸命にやればやるほど人々は分断されていきます。

実際、社会を良くしようとする運動はたいがい、「〇〇派」「××派」というように分裂して内輪で争いはじめるものです。しかし、世の中を良くしようとして、結果的にいがみ合ってしまうのでは本末転倒です。

とはいえ、目の前に困っている誰かがいるときに、手を差し伸べてはならないということではありません。

光の意識になると、どんな人の命であれすべてが光であり、分離されていない一つの命を皆で共有していることが実感されてきます。その意識から、目の前で困っている誰かへ手を差し伸べるのは自然なことであり、光に目覚めた人は実際にそう行動するものです。

その場合、影の意識からの行動ではないため、新たに分離や分断を生じることはありません。たとえ、行動そのものは同じでも、光の意識からの行動と、影の意識からの行動とでは意味が違うのです。

結果的に、光の意識からの行動においては、人々の分断を生じることなく問題の解決に至るでしょう。

私の明想の師である知花敏彦先生は、「三千人に食事を施すよりも五分間冷静（霊性）でありなさい」とかつて説きました。

その頃の私は、「多くの人を助けたほうが、自分の人生に価値を見いだせるのではないか」と考えていたので、知花先生の言う意味がまるで分かりませんでした。しかし、今ならよく理解できます。

食事を施すか施さないかは影の世界の話なので、「施す人」と「施さない人」の間で対立を生じ、また施し方について論争を招きます。影の世界で解決法を探るとそういう結果になってしまいがちです。

そこで、本当に問題を解決したいなら、知花先生が説くように、まずは冷静（霊性）にして光に目覚めていることです。

これは問題から遠ざかっているように見えて、その分だけ光へ近づいており、結果的に問題解決の一番の近道となります。本当の解決は光の意識がもたらしてくれるからです。

光に目覚めると利他的な人になる

明想で光の世界へ目覚めてくると生命エネルギーに満たされ、元氣なはつらつとした印象を周りに与えるようになります。

そして、エネルギーに満たされて自分に余裕ができるため、利他的な行動をとるようになってくるでしょう。いいことをしようとか、世の中を変えようというのではなく、水が高きから低きへと流れるように自然な行動として起きてくるのです。

老子はこれを「上善如水《じょうぜんみずのごとし》」と表現しました。

加島祥造さんによる『老子道徳経』の訳本『タオ 老子』にはこうあります。

タオの人がすばらしいのは　水のようだというところにある。水ってのは　すべてのものを生かし、養う。それでいて争わず、威張りもしない。人の厭《いや》がる低いところへ、先に立って行く。水はよほどタオの働きに　近いんだ。

水はすべてのものを生かし養いますが、それはいいことをやろうとしているわけではありません。必要なところに流れていき、十分にそこを満たして同じ高さになると流れを止めます。やり過ぎずちょうどいい分だけ与えるということです。

老子のいう「タオの人」、つまり光の世界に目覚めた人もそれと同じで、相手にとって必要なことをちょうどいい分だけ与えます。

中国の儒教の教えは、人が常に守るべき五つの道徳（五常の徳）として「仁・義・礼・智・信」を説きますが、これは道《タオ》にいない人のための教えです。

あくまでも社会の秩序を守ることを優先した教えであり、そこにおいて人間は社会を構成する材料でしかありません。決して命を優先するものではないのです。

儒教の説くような道徳は、光の世界に目覚めた人にとっては守り尊ぶべき事柄というよりは、光があることで起きてくる自然な働きとして認識されます。

道《タオ》につながっている者であれば、無為自然に行われるのが儒教の説く道徳であり、孔子はそのことを知っていたはずです。つまり、老子と孔子は対立するものではなく、光と影のような関係にあると考えていいでしょう。

儒教の説く道徳は光の世界に目覚めた人には不要です。無為自然のままでいて十分に利他的であるからです。

リラックスした生き方に変わってくる

光に目覚めはじめると、まさに光に照らされたように考え方も明るくなります。影の世界にとらわれなくなるので、何か問題が生じても深刻に考え込むことがありません。何も考えないのではなく、必要なことだけ考えるようになるのです。

悩むことがなくなると眉間のシワが消えて口角が上がり、背中は自然にスーッと伸び、地面ばかり見ていたような人でも空を見ることのほうが多くなります。

そのように心境は見た目にも表れてくるので、明想の進歩を表情からも判断できます。

例えば、明想を始めたばかりの人は明想中、眉間にギュッとシワが寄っていることがよくあります。集中しようと緊張してそうなってしまうのです。ところが、光が見えるようになると、心身が緩み緊張していた眉間が広がります。

眉間がギュッとしていたら緊張の脳波であるベータ波になっていて、広がっていたらリラックスの脳波であるアルファ波になっていると考えていいでしょう。

アルファ波へスムーズに入れるようになると、明想中以外も常にリラックスして、同じようにゆったりとくつろいだ人を周囲に引き付けます。

その一方で、形だけの付き合いの相手や、影の世界しか見ていない相手とは自然に距離を置くようになるでしょう。光の意識になってくると、そうした人間関係に手応えを感じなくなってくるからです。

とはいえ、社会生活において必要な人間関係まで、避けなければならないというわけではありません。影の世界のルールには、影なりに対処すればいいのです。

光によって五常の徳を活用し、影の世界を生きるのです。

光への目覚めによる穏やかな喜び

ここで再び加島祥造さんの訳本『タオ 老子』から引用します。

人びとは、さまざまな欲望に駆《か》られるけれど　餘計な手出しをしなければ　たいていのことは、やがて　自然に、静かに収まってゆくんだよ。素朴な生き方を　喜ぶものなんだ。

ここでは、道《タオ》を得たときには混乱なく淡々と物事が収まっていき、そのときに穏やかな喜びがあると説かれています。

「素朴」の「朴」には無垢の木という意味があり、材料そのまま、原則そのままということです。つまり、道《タオ》の原則そのままに生きる人には、理由のない喜びがもたらされるのです。

道《タオ》の原則とは、第三章で説明した霊的知識の原則と同じようなものと理解していいでしょう。

さらに、「餘計な手出しをしなければ」と老子は言います。何もしてはいけないということではなく、「餘計な手出し」をしない素朴な生き方を老子は勧めているのです。道《タオ》の人に穏やかな喜びが生じるのは、目に見える世界と目に見えない世界を巡る大きな循環を理解しているからです。

同著にはこうも述べられています。

あらゆる存在は確かに実在しているのだが、いま「有る」存在はみな「無い」の領域に戻ってゆく。そしてそれはふたたび「有」の存在のほうへ「名のある領域」へ、反転してゆく。だから道《タオ》の動きは深くて大きいと言うんだ。

ここにいう「有る」「名のある領域」とは影の世界のこと、「無い」とは光の世界のことです。影の世界を「外側の世界」、光の世界を「内側の世界」と捉えてもいいでしょう。

外側の世界に欲しいものがある人は、いったんはそれを手に入れたとしても、いずれ何らかの形で失ってしまうので、その悲しさだけが残ります。外側の世界のものは悲しみとして内側に還り、時にそれは病気という形をとります。

これは、否定的な循環（ネガティブフィードバック）です。外側の影の世界だけを向いていると、失う悲しさばかりが内側にフィードバックされつづけるのです。

一方、その逆のポジティブフィードバック（肯定的な循環）では、まず内側の光の世界へ向かうところから始めます。

そこにある決して失われることのない光を見つけると、まず内側が満たされます。次いで循環の働きにより、それは外側の影の世界も満たしてくれます。その人を喜ばせる何かが目に見える形で表れるのです。

外側に表れたものはいずれ失われますが、内側では決して失われることのない光が存在しつづけているので、外側のものが与えてくれた喜びだけが内側にフィードバックされていきます。

老子のいう道《タオ》の動きを本当に体得していれば、ポジティブフィードバックの循環の中で常に穏やかな喜びに満たされることになります。

光を求めて「世捨て人」になる必要はない

光の世界に目覚めはじめたばかりの段階では、それが与えてくれる穏やかな喜びと、影の世界のさまざまな問題との対比から、影の世界をなくして光だけにしたいと考える人も出てきます。

しかし、それは光と影をいまだ概念として捉えているモノの見方です。影の世界をなくそうとする姿勢は、影に力を認めていることを意味します。

明想が進歩して光と影の違いを本当に体感できると、光の世界に一〇〇パーセントの力があり、影の世界は〇パーセントであると理解されます。影には何の力もないので、それをなくそうとする必要もないのです。

伝統的な宗教の中には、光の世界を到来させるための影との聖戦を説くものがありますが、それはある種の方便でしょう。聖戦というのであれば、その勝負は最初から一〇〇対〇で光の圧倒的勝利です。すでに勝っているのでどんな戦いも不要です。

同じ理由で、光の世界を探求するからといって、世捨て人のようになる必要はありません。

学問的に光の世界を探求していると、自身の内側に光が常にあることを実感しないまま、影を避けようとして世捨て人になるケースがあります。

しかし、影を避けても光に近づくことはなく、どんなに光のことを考えても、「光についての考え」は結局のところ影でしかないので心の中は影だらけです。影から逃げようとして、かえって影に囲まれてしまうのです。

真実は、「光の力は一〇〇パーセント、影の力は〇パーセント」です。光の世界への目覚めを影が邪魔することは決してありません。

だから、私は明想を教える一方で、皆と一緒に肉やお菓子も食べるし、コーヒーやお酒も飲みます。

明想合宿の参加者の中には、そういう私を見て「玄米じゃないんですか!?」と驚く方もいます。そういうときはいい機会なので、ここで説明したようなことを話します。

「こうすべきだ」「ああすべきでない」といった考えは影の世界についてのことであり、やがて分離・分断を生んで争いのもとになります。それは光の世界の探求とは関係のないことです。

影の世界の物事が光の世界の探求を損なうことはないので、食べ物だけに限らず、やりたいことがあればやっていいのです。〝極端な言い方〟をすれば、明想の観点からは、「これはやってはダメ」というものはありません。

影の世界にとっての自然体とは

光を壁で分離すると影が生じます。そのように、影の世界は分離から生じたものなので、必然的に個々の存在はバラバラの性質を持つことになります。

光の世界には分離がなくすべては一つとして存在しますが、一方の影の世界ではすべてがバラバラなのが自然体です。影が影らしくあるとは、個々の存在が互いに違っているということであり、言い換えれば、影の世界において各自に与えられた働きを活かすことです。

明想を始めて、光の世界では皆が一つだと氣づくと、影の世界でも皆が平等でなければならない、一つにならねばならないと考えてしまうケースがあります。しかし、これまでにも触れてきたように、それは争いをもたらしかねない考え方です。

極端な例ですが、すべての国の言葉や文化を無理矢理に一つにしてしまおうとすれば、争いが起きるでしょう。

影の世界では個々の存在に違いがあるのが当然であり、互いの違いを尊重しあう姿勢が争いを避けることになります。よくいわれる「オンリーワン」という言葉もそうです。

そうした、どんな人であれ、その人に代わる存在はいないという考え方のことを、「良い分離」といってもいいでしょう。分離していること自体が悪いわけではないのです。

影の世界では、各自がそれぞれ別の方向を向いているのが当然であり、それを一つの方向へ向かせようとしても徒労に終わります。

見るべき方向があるとすれば、それは光だけです。光の世界に触れてエネルギーを充足させた上で改めて影の世界を見れば、これまでの自分が取るに足らない違いを取り沙汰していたと理解できます。

影のほうを見ている「私」を「小我」と呼びますが、まさにそのちっぽけな私が、影の世界において小さな違いに注目していただけだったと氣づかされるのです。

光に目覚めると個性が輝く

影は光から生じたので、影の世界における個々の存在の持つ個性は、もとの光の中にすべて含まれているといえます。

これは、物理現象としての光をプリズムに通すと、周波数ごとに分離して七色の光が現れることに譬えられます。つまり、個々の存在に表れている個性とは、光のエネルギーが目に見える世界に現れるときにとる姿だと考えていいでしょう。

プリズムを通した七色の光を一つに重ねるともとの白光となるように、影の世界のすべての個性を合わせたとしたら、どんな個性にも偏らない完全に調和した光が現れます。無数の個性にあふれた影の世界と、光の世界はコインの裏と表のように表裏一体です。

そこで、光の世界に意識を向けると個性をなくすのではなく、むしろ、その人に宿っている本来の個性が輝きはじめます。本当の意味でその人らしくなっていくのです。

もし、各自が本来の個性で輝いている地球を宇宙空間から見られたら、すべての色が混じりあった白光に見えるはずです。皆を同じ色で染めようとしなくても、それぞれの色で個性を輝かせていれば、全体としては個性を超えた光が現れます。

十三歳の少年に湧いた理由なき自信

一般的な子どもの教育においては、「個性を尊重しよう」と声高に言う一方で、何でも平等にしようとしています。これ自体が互いに矛盾しており、また、どちらも影に注目するばかりで、「命」には目を向けていません。

こうした一般的な教育は影に注目しているので、「影の教育」といえます。

一方、子どもたちに本当に必要なのは「光の教育」です。

光の教育とは、まず光の世界へ向くことから始まります。それにより、影の世界における個々の違いは重要ではないと氣づき、本来の個性が輝きはじめます。

ありがとう村での明想合宿には、親御さんと一緒に子どもが参加することもありますが、それとは別に「光の子ども学校」という場も設けておられます。

その光の子ども学校に小学五年生の頃から通っていた十三歳の男の子が、お母さんと一緒に明想合宿に参加したときのことです。

明想を始めてからの変化を参加者に聞くと、この子は大人たちより先に大きな声で「自信！」と答えました。

具体的に何ができるようになったという話ではありませんが、「とにかくちゃんと何かができるような氣がする」と言うのです。明想により光のエネルギーが内側に満ちた結果、理由なき自信が湧いてきたのでしょう。

この「理由なき」というところが重要です。影の世界に何かの理由がある上での自信は、その理由の部分が変わるとなくなりますが、ここでいう「理由なき自信」は変わることがありません。自信の原動力は決して失われることのない光の世界にあるからです。

光のほうを向いている限りなくならないその自信は、その子の人生を強力に支えてくれるはずです。

明想を実践する子どもたちはその子と同じく、「できそうだ」という思いから物事を始めるので、勉強においても取り組み方が違ってきます。分からないところがあってもそこで諦めず、どうすればできるようになるかを探りはじめるのです。

光の教育と「天命」

影の教育では、平等を重んじて子どもたちに画一的な教育を施そうとする一方で、将来については、さまざまな選択肢の中から自由に選びなさいと教えます。

「自由」ということ自体にさほど問題はないように思えますが、子どもたちにただ「自由にしなさい」と告げても意味はありません。

自由が意味を持つのは、その人の本来の個性が輝き、本当の意味でその人らしく生きようとするときです。だから、まずは光へ向かうことが先決です。

光の世界に目覚めると、「自分に何ができるのか」「自分は何をしたいのか」ということが見えてきて、誰に何を学ぶべきかも明白になります。

そうした、明想を通じてはっきり見えてくる人生の方向性のことを、私は「天命」と表現しています。

その天命に導くこと、そして、天命を自覚したときにそちらへ向かう自由を与えることこそが、光の教育の重要な役割であるといっていいでしょう。

これは大人にも当てはまる話です。

近年、「会社を辞めて独立し、自由な働き方をしよう」といったことが盛んにいわれますが、「自由に生きる才覚を持っているのがいい」という価値観だけでいくと、そうでない人は「人生がうまくいってない」と劣等感を抱くことになります。

しかし実際は、どこかの会社に通ってお給料をもらうのが天命という人もたくさんいます。人生にとって重要なのは自由かどうかではなく、天命を生きているかどうかです。

そうした、大人の世界における「こうでなくてはいけない」という価値観は、子どもの世界にも影響し、突出した才能を持たない子どもたちは世間から正当な評価を受けにくい状況となっています。

金銭的に余裕のある家庭ではお子さんに英才教育を施して我が子の才能を引き出そうとしますが、人生において本当に大事な才能とは、光の世界に目覚めて天命を自覚することであり、これは誰もが等しく持つ才能です。

親も子もそういう感覚を持つようになれば、正当な評価を受けられる子どもたちも増えていくでしょう。

ただ、現状に関していうなら、突出した才能を持たない子どもたちや大人たちを正しく評価できないのは、社会全体に広がっている「こうでなくてはいけない」という暗黙のルールがそうさせているのだといえます。

光に目覚める人が少しでも多くなれば、そうした社会の圧はなくなっていき、正当な評価を受ける人々も増えていくはずです。

光に目覚めた人に死は存在しない

最後に「死」というものについても触れておきましょう。

影の世界だけを見ると、すべての人にとって死は恐怖でしかありません。死へ向かう過程で経験する病や老いもそうでしょう。

釈迦はそこに「生」を加え、人間の持つ根源的な苦悩として「生・老・病・死」の四つを挙げました。生まれた瞬間にいつか死ぬことが確定するので、生もまた苦であると説いたのです。

「生・老・病・死」はいずれも、影の世界に肉体として存在することによる苦しみであり、「私は肉体だ」と思っていると、これらを恐れつづける人生になります。そして、実際に死を迎えるときには、消えることへの悲しさや苦しみに身もだえするでしょう。

しかし、明想を通して「私は光である」と知っていれば、そうした恐れはありません。時間を超えて存在する光に終わりはなく、あなたの本当の姿は〝永遠無限の命〟なのです。

あるとき、明想を学ばれた方が笑顔で「明想を学べて本当に良かった」と言うので、その理由を聞いたところ、その方は「先生から教わった明想は、仮に私の手足が動かなくなってもできるでしょう。もし認知症になったとしても、言葉や態度で表現ができなくなったとしても、私の魂や精神は光を覚えていて、ちゃんと光を求めることができると先生が教えてくれたからすごく安心したの」と答えてくれました。

ちょうどその日の講座で私がした、認知症の人はうまく表現ができないだけで、実は周囲の人の言葉を理解しており精神は何も病んでいない、という話を聞いて安心されたようです。

確かに、明想で光のほうを向きつづける限り、影の世界の問題がその人の魂や精神を苦しめることはないので、認知症や寝たきりになったとしてもずっと安心していられます。

また、整体指導を仕事にしていると、余命一週間という方や、まさに臨終を迎えようとしている方の家族から呼ばれて病床へうかがうことがあります。

もちろん、すでに整体で命を長らえることのできる状態ではありません。しかし、わずかに残された時間で光を体感できればという思いから、こうしたケースでもこれまで明想を伝えてきました。

明想について一から説明はできないので、「体を良くするために呼吸法をしましょう」とだけ伝え、斜め上四五度を見てリズム呼吸をすることを教えます。これを付き添いのご家族にも一緒にやってもらいます。

最期を看取った後のご家族からは、「亡くなるときは笑顔で痛みもなく、『良かった』といって逝きました」といった言葉をよくいただきます。肉体は終わりを迎えても、光としての私が死ぬことはないと分かるから、そのような安らかな逝き方になるのでしょう。

明想とは、生きているうちに死ぬことでもあります。つまり、生きているうちに「私は肉体ではない」と氣づくことです。

それにより、実際の死が訪れたときにも、恐れなくそれを受け入れられます。「私は肉体ではない」という思いが強ければ、病や老いを恐れることもないはずです。本当の私は永遠不滅の光であると分かり、それが真実だからです。

おわりに

本書は、明想を始める上で必要な知識を得ることのできる本として著しました。

明想というと敷居が高い印象を持つ人も多いと思いますが、本書で紹介した方法は独習可能です。本格的に取り組む際は指導を要しますが、この本の内容だけでもかなりのところまで進むことができるはずです。

また、すでに「瞑想」に取り組んだ経験のある方にとっては、疑問点の解消や行き詰まりの突破に役立つものと考えます。

一方、これまでに私から明想を学んだことのある人にとっては、明想の背景にある霊的知識をおさらいするのに最適の教材となってくれるでしょう。

その意味で、明想の初心者にも上級者にも、そして、これまでまったく明想に縁がなかった人にも読んでもらいたい一冊となっています。

本書の出版を決めた大きな動機として、風水の暦の考え方において、二〇二四年以降に明想へのニーズの高まりが予想できることが挙げられます。

風水の「三元九運」という暦では、二十年ごとの節分時に九段階で氣の流れが大きく変わるとされており、例えば、一九六四～一九八四年はその第六運氣に、一九八四～二〇〇四年は第七運氣に、二〇〇四～二〇二四年は第八運氣にあたります。これからやってくる二〇二四～二〇四四年の期間は第九運氣です。

そして、この切り替わりは世の中の大きな変化を引き起こすとされています。「頭」に対応する第六運氣にはコンピューター技術が発達し、情報の意味がある「口」に対応する第七運氣にはインターネットが急速に普及し、「指」に対応する現在の第八運氣にはスマートフォンやタッチパネルが一般化して、皆が画面を指でタップしたりスライドさせたりするようになりました。

こうした流れを前提にすると、「目」に対応する二〇二四年からの第九運氣には、視覚的な科学技術の発展が予想されます。すでに登場している、スマートフォン搭載の高機能カメラ、無数の映像コンテンツ、バーチャルリアリティー技術、メタバース構想などがその先駆けといっていいでしょう。

一方で、特に都市部では監視カメラの数が激増しつつあり、顔認証技術などと組み合わされて管理社会化が進行することになるはずです。

そうした「目」が増殖する社会において、私たちには「何を見るべきか」という問いが突きつけられます。

第九運氣には、精神性の象徴としての「火」、そして「豊かさ」という意味もあるので、精神性の探求や哲学、思想といったことへ人々の意識が向かいます。そして、その観点から、「何を見るべきか」「人生における本当の豊かさとは何か」といったテーマを探求することになるでしょう。

本当の豊かさとは何か？

それを見つけるにはどうすればいいか？

私たちは何を見るべきか？

管理社会の中でどうリラックスして生きていくか？

――おそらく、そんなことを考える人が増えるはずです。

そのときに一つの答えとなるのが明想です。「目」の時代には、肉体の目を閉じて内側の光を見ましょうというのが、新たな時代を迎えるにあたっての本書の提案です。

二〇二四年以降、人々のニーズに応えてさまざまな「瞑想」が提唱されると思います。中には、精神的な豊かさだけでなく物質的な豊かさまで手に入ることを強調する指導者もいるでしょう。

しかし、本書で正しい霊的知識を学んだ人は、物質的な豊かさを望むと最後には悲しみしか残らないことを知っています。

「影」を望むのではなく、「光」を望むことこそが幸せへの最短ルートであると理解し、光を求めて眉間を見つめつづけるのであれば、その人は霊的知識を正しく理解できています。

本書によって、一人でも多くの方にそのような選択をしてもらえたなら、それに勝る喜びはありません。

明想をさらに深く学びたい方は、「光の学校」として明想合宿を行っているありがとう村の連絡先を巻末に掲載しています。そちらをご参照ください。

本書の執筆にあたっては、日々、愛光流へのご理解とご賛同をいただいている愛光流の会員様、愛光流の活動をいつも支えてくださっている認可指導室や師弟会の皆様、明想への深い理解と重要性を見いだし「光の学校」を主催開催してくださるありがとう村の皆様と、真剣に光を得ようと学びに通いつづけてくださる受講生の皆様から、たくさんのご協力をいただきました。

また、出版の機会を与えてくれた現代書林の方々にも大変お世話になりました。明想の重要性を理解していただいた上で、これを広く世に問う機会を与えてくださったことに感謝いたします。

二〇二二年　壬寅年

一般社団法人・愛光流代表 山本清次

著者略歴

山本清次（やまもと・せいじ）

一般社団法人愛光流代表。

1977年、大阪に生まれる。幼少期、中国武術の師と出会い、それをきっかけに氣の世界を知る。青年期、知花敏彦師に心と体の関係を深く学び、明想を通して偉大なる光の重要性に目覚める。

その後、観相師・橋本光玄先生の薦めにより野口晴哉師の書籍に出会い、同師の直弟子である岡島瑞徳師に整体を師事。愛光流氣光整体代表として延べ18万人の体を観察、「人を取り巻くすべてが健康に関係している」と考え、命理（四柱推命）、堪輿（風水）なども研究する。

「健康で豊かな人生を送れるようにする」をモットーに、大阪・倉吉を拠点に全国で整体指導を行い、これまでに約1800回以上の講座を開いている。

2016年7月28日、一般社団法人愛光流を設立、現在、光を求める方々に明想の指導を行っている。


【著者からのお知らせ】

・愛光流ホームページ
https://www.aikouryu6519.com/
（動画配信 https://aikouryu8859.com/video/）

・YouTube「清次の小部屋」
https://www.youtube.com/channel/UCnyc0AIC9nrZZnXNIcDzbgg

・ありがとう村ホームページ
https://arigato-village.com/

「瞑想《めいそう》」から「明想《めいそう》」へ

2023年 1月17日 初版第1刷

著 者————————山本清次《やまもとせいじ》
発行者————————松島一樹
発行所————————現代書林
〒162-0053 東京都新宿区原町3-61 桂ビル
TEL／代表 03(3205)8384
振替00140-7-42905
http://www.gendaishorin.co.jp/

ブックデザイン＋DTP——吉崎広明（ベルソグラフィック）
口絵イラスト————中尾早乙里（豆アトリエ）
本文イラスト————にしだきょうこ（ベルソグラフィック）
使用写真————UNIKYLUCKK,agsandrew/Shutterstock

印刷・製本 ㈱シナノパブリッシングプレス
乱丁・落丁本はお取り替えいたします。

定価はカバーに表示してあります。

ISBN978-4-7745-1967-8 C0011